新媒体时代思想政治教育工作探索

李　妍　杨聪粉　张　锴◎著

北京燕山出版社
BEIJING YANSHAN PRESS

图书在版编目（CIP）数据

新媒体时代思想政治教育工作探索 / 李妍，杨聪粉，张锴著. -- 北京 : 北京燕山出版社，2023.5

ISBN 978-7-5402-6892-3

Ⅰ. ①新… Ⅱ. ①李… ②杨… ③张… Ⅲ. ①思想政治教育－研究－中国 Ⅳ. ①D64

中国国家版本馆CIP数据核字(2023)第061694号

新媒体时代思想政治教育工作探索

作　　者　李　妍　杨聪粉　张　锴
责任编辑　金贝伦　贾　玮
出版发行　北京燕山出版社有限公司
社　　址　北京市西城区椿树街道琉璃厂西街20号
电　　话　010-65240430
邮　　编　100052
印　　刷　北京四海锦诚印刷技术有限公司
开　　本　787mm×1092mm　1/16
字　　数　202千字
印　　张　11.25
版　　次　2023年5月第1版
印　　次　2023年5月第1次印刷
定　　价　76.00元

作者简介：

李妍，女，出生于1988年11月，河北新河人，研究生学历，讲师职称。毕业于河北师范大学，现任职于石家庄学院，主要研究方向为思想政治教育。撰写的案例曾获河北省第二届高校辅导员工作案例三等奖，所带班级曾获石家庄市先进班集体、石家庄市学雷锋先进班集体等。

杨聪粉，女，1981年9月生，河北石家庄人，中共党员，本科学历，教育硕士，副教授，河北省“三三三”人才第三层次人选，国家二级心理咨询师、育婴师、高校创业指导师、儿童早期发展指导师，高校中文语言学、大学生职业规划与就业指导教师资格。曾任石家庄幼专学前系党总支副书记兼学生党支部书记、副书记，兼任辅导员，现任石家庄幼专马克思主义教学部党支部书记、主任。参加工作以来，曾从事语文教学、大学生职业规划与就业指导、大学生心理健康教育、形势与政策等教学工作。注重教育科研及管理工作，曾获近20项科研奖项及省、市、校级荣誉。正式发表《解读儿童文学的游戏精神》《农村政治文明建设理论研究》等论文近30篇，其中核心期刊7篇；参编《幼师院校大学生学业规划与职业发展》《中华优秀传统文化》等教材论著6部，主持、主研及参研“河北省男幼师就业现状及对策研究”“幼师院校大学生就业指导研究”等省级、厅局级课题15项，参与2015—2018年、2019—2021年河北省创新发展行动计划骨干专业建设和骨干专业群建设项目，主持2020—2023年河北省提质培优项目4项；主要参与的科研项目“‘一核两翼六环’学前教育专业群建设与实践”“幼师院校大学生就业指导研究”分获河北省教学成果一等奖、三等奖；参加全国职业院校“传承的力量”微视频大赛河北省赛、思政德育工作优秀成果评比、思想政治工作创新案例、法治征文等思政类竞赛评比活动获一等奖、二等奖、三等奖10余项；指导石家庄幼专辅导员团队参加河北省辅导员职业技能大赛三届，获一等奖、二等奖、三等奖和个人单项奖各1项；指导学生参加河北省“互联网+”“挑战杯”等创新创业大赛获省级铜奖、三等奖和优秀奖8项等。

张锴，女，1983年出生，山西长治人，硕士研究生，重庆三峡医药高等专科学校马克思主义学院教师，研究方向：马克思主义理论与思想政治教育，长期致力于马克思主义理论与大学生思想政治教育研究，先后在《改革与战略》《西南大学学报（社会科学版）》等学术期刊上发表论文多篇，主持并参与多项市级课题，主编、参编多部大学生思想政治教育著作。

前 言

新媒体时代是当代社会文明发展的卓越成果，改变了人类社会运行的基本方式，新媒体逐步渗透到社会生活的方方面面，对于人们生活的影响也越来越广泛。如今，越来越多的学生会使用新媒体，学校也成为新媒体信息教育普及的最主要场所。新媒体时代的到来为创新开展思想政治教育工作带来了崭新的发展机遇，同时也带来了严峻复杂的挑战。创新新媒体时代思想政治教育工作，需要准确掌握创新的原则，主动占领新媒体宣传高地，弘扬主旋律，传播正能量，增强思想政治教育工作的实效性。

基于此，本书以“新媒体时代思想政治教育工作探索”为题，阐述了新媒体时代思想政治工作的基本内容，全书共设置六章：第一章，围绕媒体与思想政治教育工作展开，探索新媒体及其传播表征、新媒体对思想政治教育工作的影响分析、新媒体时代思想政治教育工作的新特点；第二章，探讨新媒体时代思想政治教育的基本原则与基本理念、新媒体时代思想政治教育的方法及创新；第三章，主要内容包括新媒体时代思想政治教育话语的特征与功能、话语体系的构建、话语转换路径、话语变革的原则与要素；第四章，探讨新媒体时代思想政治教育的内容拓展，主要包括新媒体时代思想政治教育的网络媒介素养、网络思想道德，以及网络安全教育；第五章，围绕新媒体时代思想政治教育的载体创新展开，主要解析新媒体时代思想政治教育载体的作用阐释、运用策略及其创新建议；第六章，探索新媒体时代偶像效应在思想政治教育中的实践运用、红色文化资源在思想政治教育中的实践运用以及网络思想政治教育课程设置的实践创新。

本书力图比较系统、深入地探讨新媒体时代思想政治教育工作，以切实提高思想政治教育工作对新媒体技术的运用水平，不断优化新媒体时代思想政治教育的工作方法，将理论阐释提升至实践应用高度。

本书的撰写得到了许多专家学者的帮助和指导，在此表示诚挚的谢意。由于笔者水平有限，加之时间仓促，书中所涉及的内容难免有疏漏与不够严谨之处，希望各位读者多提宝贵意见，以待进一步修改，使之更加完善。

目　录

第一章
新媒体与思想政治教育工作

第一节　新媒体及其传播表征

一、新媒体的重要特征

（一）信息的高速传达

信息的需求是人类好奇心和控制欲使然，人们在掌握更多信息的同时会感觉一切在自己的掌控之中。信息最开始是人际传播，通过口口相传的方式传播，但人们会发现人际传播要受制于时空限制，只能在特定时间的相对小范围展开，稍远一点儿声音就会分散掉。

新媒体的一大优势正在于传播渠道媒介，互联网带宽的扩张使每秒能通过的数据位更多，就如同给新媒体这个高速公路拓宽道路使得同时通过的车流量更大。现在百兆光纤将信息传输速度进一步提升了一个数量级。最明显的信息高速传达体现在新闻采访中，每当重大新闻事件发生时，新闻直播节目都会连线当地记者进行现场报道，这种实时连线以一秒左右延时，传输着来自主持人和连线记者之间的沟通，以及现场记者所在场景的一切声画。因此，信息传达的高速及时性，让传媒环境更加真实可信，受众也越来越难判断真假，一切看上去都是那么真切。

（二）传播方式数字化

是否数字化是判断一个媒体的“新”或“旧”的基本特点，从广义的概念而言，只要符合传播方式的数字化就可判定为“新媒体”，这是因为新媒体广义上被定义为新兴媒体，数字化代表最新传播方式的技术。

新媒体采用数字化的制作传输手段，是从技术层面上突破传统模拟线路的传输，将采集信息转换成二进制编码，通过数字信号传递到终端，再进行数据的解码进行呈现。

从量的角度上看，数字化传播解放了传播中介和传播终端，也诞生了信息，一方面，在不拓宽信息公路宽度的情况下，为信息瘦身；另一方面，解放了模拟信号对线路的要求，让终端可以自由移动。此外，信息本身的传播范围、传播速度也得到极大提升。

从质的角度上看，数字信息的复制、传输和转换更加容易，在编码及解码的过程中信息损失小，而且随着数字化技术的不断改进，高清、超清、无损画质日益出现，数字传播的质量越来越高。

互联网的出现加速了人与人交流方式的转变，而数字化时代的来临让全球村基本形成。这和数字化的传输特点有关，在传输过程中可以将任何信息统一成数字编码，在接受过程中亦可以将数字编码转换成任何信息，这种方式消除了地域的界限和文化的差异。

（三）信息传播互动化

互动特点是新型媒体的标志，是新兴媒体到新型媒体的一次质的飞跃。互动性改变了传统媒体“点对点”“点对面”的固定传输方式，这种传播方式下信息传达以时间为轴呈线性传播，公众的态度只能通过事后的民意调查和收视率等来反馈。

新媒体采用双向传输，信息是权利双方的互相转化，传受身份不再一成不变，曾经的传输方发现接受公众的反馈会利于其良性发展，并且公众生产信息可以帮助传输方内容的丰富，而曾经的接收方主体意识也在增强，发现参与到信息生产中也是对自己生存媒介环境的打造，就会积极主动地参与其中。这种互动循环圈形成的是自发的良性互动，不同于之前的民意反馈，传者欣然接受并重视，收者主动参与并献策，双方有来有往，循环往复又相辅相成。

信息传播的互动性也是“重回村落化”的一个体现，口语社会的交流是双向传播，即使是“点对面”的传播，“面”的表情、情绪都能形成对点的反馈，而且“面”之间会形成小声互动交流。随着媒介的发展互动在弱化，书信的互动只有在接收方回复才能形成，且互动受制于文字效果不佳，从印刷品开始媒介就已经形成单向度，无论书籍、报纸，或是广播、电视，传播一直是传和受的单向关系。因此，互联网时代后的互动性打开了“重回村落化”的通道，这对信息的有效传播起到重要作用。

随着信息的传播，个人脑海中图像是一个更新过程，当接收到的信息与既有图像不符时，开始会先排斥、再协调、最后有可能接受。而单向传播过程中出现图像排斥时，受众无法和传播主体产生沟通（有极少的读者、电视观众会给传播主体写受众信），所以，传播的效果大打折扣。

以数据算法推荐为例，运营方重视公众的收视习惯，大到公众信息选择倾向，小到各时段兴趣选择，公众收听收看之处，眼睛停留时间都成为运营方收集到的反馈，根据后台算法整理，最终依据公众喜好为公众提供源源不断的私人定制服务。公众也乐于通过自己的行为暗示运营商如何进行满意的信息提供，获取更佳的公众体验。在这个流动性的过程中，运营商源源不断地接受公众数据，提供公众感兴趣的信息，公众通过行动反馈来获得越来越好的服务，双方互动频繁，相辅相成。即使有“信息茧房”，但运营商意兴在此，而公众也全然不知。

（四）跨时空信息传播

新媒体的跨时空传播体现在时间和空间两个方面：跨时间方面是指信息传播突破传受双方时间上的间隔，也就是可以即时传播；跨空间方面是真正突破自然空间限制，只要有公众关注的消息，新媒体都可获取，地球空间近乎被信息全部覆盖，当时间空间被结合起来形成跨时空传播时，公众就可随时随地接收即时信息。

跨时空传播涉及虚拟现实技术对消失时空的再现，这种再现自古即有，只是随着媒介的发展，信息跨时空传播更加能唤起情感共鸣。口语时代人们用混乱无序的口语描述过去的故事，这种形式留下对故事的平淡了解；印刷时代书本以有序详尽描述调动人们想象力形成对过往故事、形象添加诸多既有图景的不准确印象；电视时代可以“再生”出原有图像，形成形象较准确但缺少感觉的印象。这些都算这一层面的跨时空传播，但从传播效果来说，只有视觉、触觉、嗅觉等多样体验下诉诸情感共鸣的传播才有更深的印象，营造仿佛置身其中的感觉。这一点新媒体的虚拟现实技术一步步帮人们接近。

（五）信息传播个性化

早期的网络媒体的公众主动性地选择个性化，在海量信息和媒体筛选分类的信息中选择自己喜欢的方向，加收藏或加定制，来实现信息传播的主动个性化，而随着数据技术的崛起，公众以被动方式享受着个性化。

新媒体在数据支持下，通过算法进行内容习惯推荐、协同过滤推荐或其他混合推荐方式来判断公众喜好，提供个性化服务。内容习惯推荐基于公众的接收喜好和历史浏览记录来分析公众的兴趣点，当信息库里出现接近公众兴趣点的信息时就会优先推荐；协同过滤推荐是通过公众兴趣分析和公众社群划分，为有相同兴趣的群体提供群体中成员感兴趣的信息。内容习惯推荐是运营商跟着公众喜好走的方式，采用保守方式巩固公众，如果算法不准确将面临失去公众的风险，而协同过滤推荐是走在公众前的方式，通过合理猜想来引导公众的收视习惯。新媒体信息传播的个性化让大众媒介变成分众媒介，同一传播端可以生成“千人千面”的终端服务。

在不同研究者的眼中，新媒体往往呈现出不同的特点，这一方面是由于观察视角的不同；另一方面则在于新媒体的动态发展。

总之，新媒体的传播特点无论是新兴出现的“数字化”“互动性”，还是基于原有特点进行升级优化的“跨时空”“个性化”所体现的都是作为新型传播载体来为公众提供最优质的信息服务。

（六）运营模式平台化

平台的基本含义是指计算机硬件或软件的操作环境。因此，平台的基本内涵和功能内核就是通过一定的通用介质（标准、技术、载体、空间等），使双边（或多边）主体实现互融互通。

平台就是为双边或多边市场提供产品或服务，如苹果手机，就是把大量的精力用于打造一个具有完美用户体验的终端产品、开发具有开放程序接口的手机操作系统，以此形成的网络效应来构建一张无形的虚拟网络。再通过 iTunes 后台，把前端的需求与后端的应用程序供给连接起来，形成一个具有交叉网络效应的多边平台。

二、新媒体形态的划分

媒体形态研究一直是媒体研究的一个重要取向。伴随着网络与数字技术的快速发展，新媒体的形态也日益丰富多彩，甚至不同形态的新媒体之间出现了交叉与融合的现象，媒体形态的界限也逐渐模糊。因此，对新媒体形态的划分并不是一件简单的事情。以下采取的是一种较为普遍和易于接受的划分：

（一）移动媒体

移动媒体在广义上是指用户使用手机、平板电脑、掌上电脑等数字移动终端，通过移动网络获取移动通信网络服务和互联网服务；在狭义上是指用户使用手机终端，通过移动网络浏览互联网站和手机网站，获取多媒体、定制信息等其他数据服务和信息服务。

以可穿戴设备为例，可穿戴设备是新兴的移动媒体。可穿戴设备是指直接穿在身上，或是整合到用户的衣服或配件的一种便携式设备。作为一种媒体，它不仅是一种硬件设备，更是通过软件支持以及数据交互、云端交互来实现强大的功能。可穿戴设备最直接的意义是解放了人类的双手，人与媒体的互动可以通过手动之外的语音命令、体感操作甚至眼睛眨动等方式进行。可以预见，可穿戴设备将对人类的感知模式产生前所未有的影响。可穿戴设备的另一个重要价值则在于对人类身体数据的实时监测与记录，从而构建“个人生态信息系统”，这将对维护人类的生命健康起到不可低估的作用。

（二）网络媒体

网络媒体的定义有广义和狭义之分：广义上的网络媒体是指遵循 TCP/IP 协议传送数字化信息的计算机通信网络；狭义上的网络媒体是指通过互联网传播新闻信息的发布平台。网络媒体是最早出现的，同时也是最重要的新媒体形态，主要包括以下两种类型：

第一，原生的网络新媒体，目前，主要包括门户网站、搜索引擎、即时通信、网络社区、网络视频、网络游戏、博客、微博等。从功能而言，它们扮演着新闻信息传播、信息搜索、娱乐、社交等多种功能，并且出现网络媒体形态功能融合性的发展趋势，即某一网络媒体同时具备多种媒介功能。

第二，上网媒体。即将传统媒体的内容照搬和移植到互联网上，如早期的网络报纸、网络广播和网络电视。不过，发展到后来，由于充分理解和吸收了新媒体的特点，这些“上网媒体”改变了早期简单复制的模式，因此，我们也将其纳入网络媒体的范畴。

（三）数字化媒体

数字化媒体是指传统媒体通过数字化转型、改造和升级后形成的媒体。由于经过数字化变革之后，这些传统媒体生成和具备了新媒体的基本特质——数字化和互动性，所以，我们也将之纳入新媒体的范畴。在媒体行业大军中，数字化媒体是新媒体形态的重要构成方式，基本包括数字化报刊、数字化广播和数字化电视。

以数字化电视为例，数字化电视媒体代表了传统电视媒体在互联网技术和数字技术冲击之下的积极探索与转变，作为电视的新型发展形式，数字化电视媒体是以电视机为接收终端，向用户提供高质量、多媒体视听节目的平台。较之于传统电视，数字化电视更具互动性；同时，其在功能上也超越了单纯的媒体功能，而是向多功能的家庭生活信息平台转变，用户在数字化电视媒体上不仅可以自由点播观看节目，也可以查找房价、医疗等生活信息，还可以进行订票、购物以及炒股等操作。

三、新媒体的服务功能

新媒体传播形成了以下三大社会服务内容趋势：①社会服务信息覆盖全面化，涉及出行、经济、教育、医疗等方方面面，和生活息息相关的信息日益丰富；②社会信息服务专业化，新媒体不仅可以做到提供信息广，更可以做到信息的深度更深，以出行方面为例，新媒体可以提供分时段天气情况、最优交通方式、交通流量情况等周全齐备的服务支持；

③社会信息服务个性化，依靠私人定制或数据分析提供更适合使用者个人的个性化信息服务，过滤掉其他分散信息。

基于新媒体提供社会服务的周全详备，公众依赖性也与日俱增，公众更是将这些服务信息视为自己日常生活必备的一部分。新媒体的服务功能包括了以下四个部分：

（一）信息提供

信息提供是媒介固有功能，也是其释放社会价值的所在，通过媒介信息的传递，人们获取外在消息，进而和人交流，最后形成对客观世界的主观图景。媒介结构的两端分别是信息内容和受众，而媒介充当的是传输信息内容给受众的中介，这决定了媒介的本身意义就在于传递信息。

第一，新媒体信息提供的碎片化形式。媒介电子化后信息内容的逻辑性和全面性就大打折扣，到新媒体时代更是呈现出碎片化的样态。新媒体就像可以自由进行信息生产，不同信息提供者提供各式各样的信息，因此，前后很难连贯形成体系，另外内容呈现也是24小时随时推送，未经专门的训练也没有一定的传统媒体下的专业素养，打破原先的传媒制作体制，形成碎片化生产、碎片化内容、碎片化呈现的流程。

第二，新媒体信息提供的反馈。信息反馈在新媒体时期有极大的可能性变成信息内容，新媒体的互动性为公众内容生产创造了条件，也第一次让媒体重视了受众的转变和来自受众的力量，连极其严肃的传统媒体也开始从公民新闻中获取有价值的素材。自此信息提供就打破了传统媒体的单向度、单线条传播，形成信息循环圈。

（二）产业价值

新媒体的产业价值演进路线为：从规模化生产到网络规模化传播（互联网）到个性化搜索（搜索引擎）再到个性化传播（网络社区）。整个看来最终的走向将是个性化的生产，虽然如今公民新闻已经崛起，实现了个性化内容的呈现，但从经济学角度考量完成生产还需要实现经济效益，即“个性化内容+内容付费”成为常态才能称作个性化的生产。

新媒体的产业价值主要体现在以下四个方面：①新媒体的零成本传播，新媒体有固定成本，需要一次性投入设备、网络等成本，却有着无限趋近于零的边际成本，每一次信息传播几乎不需要额外付出什么；②新媒体有着巨大的市场，不仅新媒体公众的数量庞大，变现方式多样，内容影响还可以涉及周边交叉产业或者泛媒体产业，以至于如今几乎所有产业都会引入新媒体运营；③新媒体的内容生产由规模化转向个性化，让个人端的信息生产产生价值；④新媒体充分发挥了“长尾效益”。较互联网带来的长尾效益更进一步，新媒体本身就给存储和流通提供了足够大的渠道，如微商营销、微博商品营销、公众号软文营销等都提供给个体获取长尾收益的可能。

（三）社会教育

新媒体的公众接触率越来越高，尤其是手机媒体让公众产生深深的依赖，随着手机公众数量的逐年递增，手机成为继报纸、广播、电视和网络之后的“第五媒体”，日益成为公众生活中难以分割的组成部分，因此，以个人手机为典型的新媒体成为人们获取信息的新渠道。

新媒体的社会教育在于首先提供了社会教育和信息流通的平台，新媒体自身的互动性和吸引来的公众群，形成了一个舆论场或者知识场，信息的交会讨论，为公众提供源源不断的新信息或自己信息框架中的盲点，奠定了相互学习、讨论相长的平台基础。

（四）娱乐功能

从电子媒介时代起，媒介的社会娱乐功能就越来越突出，而从电子媒介到网络媒介，社会娱乐功能进一步被放大，电子媒介时代社会娱乐还仅停留在媒介通过轻松的内容呈现，让受众接收信息的同时感到解脱和娱乐，网络媒介则将社会娱乐上升到了娱乐产业的层面。

新媒体环境下，媒介的娱乐功能分为新媒体本身的娱乐性和新媒体内容的娱乐性。新媒体本身是娱乐化的，由传统的机器和人的互动，转变为人和人之间的互动方式，如电视通过画面来娱乐受众，而网络则通过平台上的多媒体内容促进公众与公众之间的交互来起到娱乐的效果，比较起来传统机器的娱乐方式更固定和单一，且是相对而论的，不同受众可能会产生迥异的体验，而新媒体的人际互动，则提供了动态的、多样的娱乐方式，在人际互动中，同类相吸引产生更优的娱乐体验。

新媒体的内容极具娱乐性，碎片化、大众化的信息迎合着公众的胃口，公众通过浏览轻松的信息获得精神上的欢愉，新媒体运营者通过制造轻松的内容来吸引公众获取收益，双方相互依存，互利共赢。

商业消费和娱乐的结合形成产业化是新媒体的趋势，新媒体更动态、多样的娱乐方式和新媒体自身的趋利本质是两者的结合，新媒体信息的呈现不仅在于信息娱乐的形式，更在于信息娱乐的产业化，信息娱乐作为第三产业中的新型产业，正取代工业产业中能源作用，成为新的经济增长点。

在新的社会工具帮助下，人与人之间可以突破传统社会的限制形成新的人际互动和联系方式，构成一种无组织的集体力量，这也被视为未来的变革力量。如今，新媒体正是这些新的社会工具的总称，新媒体的公众决定了新的内容形式和技术价值体现。

四、新媒体的传播表征

新媒体对日常生活的记忆是对集体记忆的描述，也有可能是对社会记忆的建构。日常生活记忆研究涵盖从记忆到个体记忆到集体记忆到社会记忆的整个过程，而媒介记忆的涉入被认为颠覆性地改变了人类记忆与思维方式。

（一）媒介记忆

“记忆”被视为进行思维、想象等高级心理活动的基础，从心理学上看，它是保存和积累个体经验的过程。记忆过程是对视觉看见的客观图景，进行人为筛选并采集输入，在大脑中加工并保持最后主观再现的一系列活动，因客观存在和个体的差异记忆过程会形成鲜明的个性化和信息存储时间差异。即使是相同的客观存在，在不同个体的记忆过程中也会产生不同的主观图景和再现，而个体的记忆能力、客观存在的记忆难度和对客观存在的主观选择会产生瞬时记忆、短时记忆、长时记忆三种记忆结果。

基于记忆活动的个性化产生的个体记忆，个体记忆在人际交互中形成的集体记忆以及集体记忆的整体化组成的社会记忆构成了日常生活记忆的全部内容。

记忆在传播中不仅指大脑的输入和再现过程，其外延也包含了记忆方法。媒介作为一种超强记忆工具，衍生出作为媒介工具的记忆。媒介记忆是指媒介通过对日常信息的采集、编辑、记载或报道，形成一种以媒介为主导的对于社会信息的记忆过程，并以此影响人类的文化记忆、历史记忆与社会记忆。不能忽视其社会功能，媒介记忆也是通过存留在媒介空间中的各种符号营造一个社会环境。由于各个媒介的特殊性，或形成文字符号，或形成图像声音，或是复合形式，加上媒介空间的不同会形成独具特色的媒介记忆。

新型媒介即新媒体，通过增强记忆间的互动模式和转变人类对媒介记忆的使用方式，起到颠覆性的效果。

新媒介依托技术优势和媒介特色频繁穿梭在个人记忆与集体记忆之间，形成更强的互动模式，将记录的媒介符号作用在个人记忆和集体记忆中，又从二者中获取源源不断的素材，同时在个人记忆和集体记忆间搭起了传输的桥梁。

新媒介成为信息记忆的中心，一个巨大的信息存储库，人们从这里提取记忆，媒介也主动传输记忆，正是如此人们解放了大脑的记忆，将原先记忆的时间用来创造更多的信息，要是有记忆模糊或记忆缺失，只需要打开信息存储库来获取。

（二）个体记忆

媒介记忆是个人记忆的集合与凝聚，作为基础要素的存在，个体记忆和媒介记忆联系紧密，从媒介记忆的方向看去总能找到个体记忆的影子；与此同时，个体从媒介获取信息形成记忆的过程也赋予媒介记忆更大的影响力。新媒体以颠覆性的姿态出现在媒介发展历史的进程中，既带有媒介记忆的典型特点，又具有自身的特性。新媒体更加重视公众身份存在的个体，因而对个体的记忆也更加关注。

第一，新媒体以其广阔无限的纵深性吸收着每个个体的记忆，越来越多的记忆样本构成集体记忆的元素，丰富着集体记忆的储存室，甚至随着数据技术的发展，个体记忆的采集会越发细微。

第二，新媒体点对点和不断互动的传输模式，让个体记忆在双向的传播中动态趋势更明显，媒介记忆的影响力更大，一方面，能覆盖的个体更广；另一方面，形成记忆的可能性更大，在单向传播中面临接受形成记忆或不接受形成遗忘的选择，而双向的动态演进中为转变提供了可能。

第三，媒介记忆通过对个体记忆倾向的数据化分析，投其所好地将相似信息传递到个人，这种“信息茧房”也是对个体记忆的束缚，将媒介记忆中的元素加工成个体的模拟记忆起到强化或束缚个体记忆的作用。

新媒体和个体记忆之间也发生着显著的改变，新媒体在吸收个体记忆方面的强化和传输记忆方面的弱化是有目共睹的趋势。新媒体集合各种个体记忆，以及凝聚个体记忆的方方面面，没有其他媒介在记忆聚合上可以相提并论，但新媒体的海量记忆也带来了个体记忆的弱化。一方面，丰富的记忆元素对个体有限的注意力起到稀释作用；另一方面，新媒体带来了记忆形式和公众阅读习惯的改变，碎片化和浅层化的记忆形式以及快速阅读、跳跃获取的阅读习惯也让个体记忆向瞬时记忆靠拢，记忆的能力和时间让位于记忆元素的生产，当有个体记忆的模糊或遗忘时，只需要打开新媒体这个记忆仓库进行快速提取即可。

（三）社会记忆

置于新媒体的环境下来看媒介和社会记忆的关系可以发现，新媒体占据了社会记忆产生的主要渠道，也成为重要的组成部分，新媒体公众群体的不断增长和媒介接触时间的扩张反映出个体对新媒体的依赖性在强化。媒介已经淡化了充当个体记忆和社会记忆的纽带作用，而融入二者之间，成为其组成部分。另外，随着新媒体技术的发展，记忆元素的丰富，以及新媒体和个体关系的深化，个体在使用新媒体的同时，新出现的记忆元素也将趋于遗忘的社会记忆唤醒，并在激活过程中起到强化作用。

新媒体对社会记忆还起到重构的作用，集体记忆是对社会的建构过程，是立足当下环境对过去记忆的重构。在新媒体技术的帮助下，对过去的记忆进行详尽梳理和数据分析成为可能，一些从当下视角出发的新元素不断浮出水面。

新媒体对社会记忆的最大帮助在于数字化技术的支持，既可以将新近产生的社会记忆置于互联网空间内传播，也可以将过去的历史记忆通过数字化进行存储。由此使得社会记忆的存储成本降低，过去需要笔墨纸砚，需要印刷仓储，需要磁带光碟这些物质载体来保留社会记忆，而新媒体则将既有的和未来的记忆通通数字化呈现，节省了记忆成本。而且数字化社会记忆的获取更加便利，或被动接受新媒体的筛选呈现来激活记忆，或主动在新媒体中搜索记忆元素来获取，节省记忆时间的同时也产生更多的记忆元素。另外数字化的保存方式，也使社会记忆真正超越时空而存在，印刷书籍的出现曾一度认为打破了传播的时间障碍，让信息可以永恒传播，但很多因素都会对信息永恒构成致命挑战，而新媒体的记录能力让记忆得到更好的保护，愉快的记忆、伤痛的记忆、该保护的记忆与不该存留的记忆都留存了下来，即使可以删除新媒体的信息也无法抹去留下的痕迹。

新媒体对社会记忆的转变产生了双重影响，新媒体带来的社会记忆多样化、长久化，很好地丰富并推动了记忆对社会的建构。

另外，新媒体带来了社会记忆的情感化倾向，一方面，新媒体语言的娱乐化，把关的放宽，使得记忆的煽动性更强；另一方面，迎合公众口味，唤起更多个体记忆的共鸣的同时，却是让社会记忆的“愉悦”或“忧伤”等色彩标签更加明显。

第二节　新媒体对思想政治教育工作的影响分析

新媒体时代，思想政治教育面临前所未有的新情况和新问题：一方面，它使得思想政治教育的社会环境、文化环境变得更加复杂，工作对象、模式、队伍受到冲击，给学生的生活、学习、心理和价值观都带来了重大影响和严峻挑战；另一方面，由于新媒体技术在信息收集、信息内容与形式、信息传播渠道等方面的重大变革，作为新媒体时代思想政治教育的一种新形式，对学生的思想政治素质、价值取向和道德观念的形成有着积极的影响作用，给思想政治教育带来了难得机遇。因此，认真研究和分析新媒体对思想政治教育的影响，是做好新媒体时代思想政治教育的首要工作。

一、新媒体对思想政治教育环境的影响

思想政治教育环境是由社会环境、文化环境和技术环境构成的。这是因为，在推进思想政治教育的过程中，社会环境起着制约作用、文化环境起着补充作用、技术环境起着支撑作用，它们对思想政治教育能否顺利进行，都起着极为重要的影响作用。与以往相比，

新媒体时代思想政治的社会环境、文化环境和技术环境已经和正在发生重大变化。

（一）对社会环境的影响

新媒体技术对社会变迁的影响主要表现在两个方面：一是基于信息技术而形成新型社会形态，亦即网络化社会；二是由互联网架构网络空间或虚拟世界，亦称虚拟社会或赛博社会。基于新媒体时代的社会环境，思想政治教育主要发生了以下几个变化：

1. 社会空间“无屏障”

在新媒体环境下，由于媒体接近权的实现，不仅使人的感知范围和能力空前的提升，更使个体的传播能力和沟通能力得到加强。人们对世界的认识不再依赖单一、单向的信息来源，往往是在多信道中通过沟通和辨别来完成。在如此社会环境下，思想政治教育由原来的“点对面”的“封闭式”的单向传播发生改变，新媒体的即时互动性不仅使信息传播“时间无屏障”“资讯无屏障”，更重要的是使得社会空间变得“无屏障”。如今人们利用新媒体已经做到了随时随地与人对话、交流，在有关站点公开发表自己对有关事务的意见和建议，有时还展现出更强大的舆论力量。思想政治教育工作者的作用日趋减弱，呈现出传播内容的极大开放性，受众的主体地位得到极大的彰显和提升。与此同时，给信息的真伪性的甄别带来很大困难，使得学生容易受到虚假信息及不良信息的误导，也给学生思想政治教育工作带来困难。

2. 社会舆情的复杂化

新媒体所具有的强大传播功能和舆论影响力，使社会舆情较以往而言，变得复杂化，主要体现在以下三个方面：

第一，舆论传播主体的匿名性。在某些情况下，一些人通过匿名上网来传播非理性言论，以表达对社会的不满和缓解个人的心理压力，并试图将非理性言论合理、合法化，以获得更多人的支持和推崇。

第二，人们参与渠道的广泛性。如今，互联网早已成为社会舆论的集散中心，它使舆论的传播不再受物理时空的限制，也为公民参与社会舆论提供了多样化、快速化的方式、手段。

第三，舆情发展的不确定性。社会舆论的可引导性和部分民众的不理智，为一些有目的的舆论传播者提供了机会，他们会通过系统的引导手法和公关技巧，对民众做出正面或者负面的引导，而其引导方向和真实目的的不确定性会导致社会舆情发展方向的不确定性。

新媒体影响下，社会舆情的不断复杂化，导致社会环境中的舆情因素更加不可控。当今的大学生在网络平台上进行广泛的涉猎信息，然而，这种浅显化的信息读取方式，容易导致其对新媒体传播没有深刻的认识和理性的思考，最终将会在商业媒体谋求利益和博取眼球的诱导下亦步亦趋。

3. 社会负面信息呈膨胀趋势

新媒体作为当代社会的一个开放系统，一方面，它扩展了学生获取信息的渠道，使学生接触的信息面更宽，接触到的不同观点更多，获取的信息就可能太多太滥；另一方面，海量信息，鱼龙混杂，使得思想政治教育的环境变得更加复杂化。

（1）多元的大众传媒形态，超时空、数字化的虚拟世界，光怪陆离、泥沙俱下的传媒信息，对于世界观、人生观和价值观正在形成之中的青年学生来说，容易分辨不清，不可避免地带来诸多负面影响。

（2）新媒体所具有的高技术与生俱来的渗透性，是一个不以人的意志为转移的客观存在。社会负面信息对思想政治教育所产生的冲击也是不可避免的。

（二）对家庭环境的影响

1. 家庭代际关系的改变

对于家庭代际关系而言，其变化主要体现在代际沟通与代际距离上。新媒体技术的运用为家庭环境带来的改变，为大学生和父母之间的交流带来了便利。在网络如此发达的今天，长期生活在校园里的大学生可以利用微信、QQ 与父母聊天、视频，在一定程度上加强了代际沟通。新媒体所体现的自主化与个性化，使青年一代渐渐有了“话语权力”，尤其是在父母面前，他们敢于表达自己的想法，这有助于大学生形成健全的人格和培养出积极大胆的性格。然而，在与父母一辈的关系方面，青年一代乐于接受各种新媒体形式，而父母一辈的接受程度较低，两代人的理解与接受新鲜事物的能力与程度的较大差异性，导致代际距离的加大。这种代际距离的加大不仅反映在家庭日常生活中，也反映在每一个家庭成员的精神世界里。

2. 家庭道德承继的弱化

家庭代际关系的改变，必然会对传统家庭道德及其知识和经验的传承等方面产生影响。按照传统习惯，父母担当着知识的启蒙与道德传承的责任，因而青年一代在成长过程中的道德认知，以及其所获取的知识和信息，很大一部分来源于他们的父母。父母一辈常常会坚持一些道德原则，并以此在家庭生活中给予子女真切的教育，也以此对子女产生无形的影响。因此，父母对子女道德教育的理想期望值，应该是依据自身所具备的正确道德习惯来教导子女，使子女生成完整的道德人格。然而，年青一代在享受新媒体过程中，体验并接受了从父母以外获取的更多新奇的事物与新颖的信息，削弱了代际之间传统道德的承继性。

（三）对文化环境的影响

1. 网络语言盛行

新媒体的发展，带来了新型的思想交流方式，改变了人们的行为习惯和表达方式。网络发展促进了一种独特的话语体系的产生。网络语言是当今文化环境的一个极为重要的特征。网络语言是伴随新媒体的发展而新兴的一种有别于传统平面媒介的语言形式。它以简洁生动的形式，一诞生就得到了学生的偏爱，发展迅速。目前正在广泛使用的网络语言，在形式上有如下类型：

（1）符号化语言。在电脑上输出文字时，习惯上会带有相关的符号语言。

（2）数字化语言。运用数字及其谐音可以更好地表达自己的想法。

（3）字母化语言。类似于数字的运用，字母也有表情达意的功效。在内容上的表现为：①新词新意层出不穷；②使用超越常规的语法，网络语言已经不再拘泥于传统的词语构成语法，各种汉字、数字、英语或简写混杂在一起，怎么方便怎么用，语序也不受限，倒装句时有出现；③口语化的表达，网络交际语言用于网上交流，在表达上更偏向口语化、通俗化、事件化和时事化。

2. 文化消费呈多维性和选择性

文化消费是一种直接影响人的精神、思想、心理、情感以及价值观、人生观的为人类所特有的社会文化现象。新媒体扩大了文化消费的内涵。随着信息产业的发展，媒体消费不单是一种文化产品载体，或者一种文化消费品，媒体消费已经融入人们的日常生活，逐步成为一种消费习惯和消费行为。当以电视为核心媒体的消费文化，利用难以计数的符号和形象流动生产出无休止的现实模拟的时候，消费者往往失去对现实的把握，人们在消费过程中逐步地迷失于“符号”的海洋里。

20世纪末21世纪初，当以互联网为核心媒体的信息消费，利用便捷的信息传播通道和手段将信息传播的时空差别降到最低，生活在如此文化环境中的学生，媒体消费已成为他们日常生活中的一种基本消费，投入时间和资金在信息的获取上已经成为一种基本的、习惯性的消费。与以往的文化消费不同，新媒体文化消费呈现出新的特点：个性化特征更加明显，受众的自主选择性能够更加充分地发挥；互动性加强，信息传递从单向走向双向、多向互动交流；受众参与性增强，将受众从被动的接受者变成主动的参与者；更加便捷的新媒体扭转了文化消费的时空限制，文化消费可以更多地通过新媒体随时、随地发生；异地形象可视的文化消费活动、异域文化产品资源共享、远程文化消费操控等新的行为模式，成为新兴媒体引领的文化消费亮点。

3. 青年亚文化已成为文化环境的重要形态

在文化环境中，青年亚文化的存在一直与主流文化是相互伴生的。新媒体为青年亚文化提供了成长的温床，同时也促成了一种新的文化形态，即新媒体环境下青年亚文化。这种亚文化有别于传统的表达方式，学生群体在张扬个性、宣泄情绪的同时，尤其显示出一种对主流文化、精英文化的抵抗和解构。流行的网络游戏、网络文学、网络音乐、网络事件等形式，已成为学生所追求的与主流文化、精英文化有偏离性差异价值观的生存方式。

网络游戏又称“在线游戏”，简称“网游”。指以互联网为传输媒介，以游戏运营商服务器和用户计算机为处理终端，以游戏客户端软件为信息交互窗口的旨在实现娱乐、休闲、交流和取得虚拟成就的具有可持续性的个体性多人在线游戏。学生亚文化群体借助这种游戏形式，既舒缓了压力、表达了个性，同时也使他们对现实社会的挫败感和失落感都在网络游戏过程中得到了发泄。

网络文学指新近产生的，以互联网为展示平台和传播媒介的，借助超文本链接和多媒体演绎等手段来表现的文学作品、类文学文本及含有一部分文学成分的网络艺术品。网络文学与青年亚文化存在内在的姻亲关系。由于借助强大的网络媒介，网络文学具有多样性、互动性和巨大的自由性，因而成为学生亚文化群体表达思想和情感的最便捷的工具，成为青年亚文化的一个表达空间。

网络音乐是指音乐作品通过互联网、移动通信网等各种有线和无线方式传播的，其主要特点是形成了数字化的音乐产品制作、传播和消费模式。网络音乐主要由两个部分组成：①通过电信互联网提供在电脑终端下载或者播放的互联网在线音乐；②无线网络运营商通过无线增值服务提供在手机终端播放的无线音乐，又被称为移动音乐。网络音乐，既能够表现学生亚文化群体对自我思想的表达和对社会现实的讽刺与揭露，同时也能够充分体现他们对人生、社会、爱情、生活等方面的追求与理想，因而成为学生亚文化的一种强有力的表达方式。

网络事件是指通过网络或其他技术手段，利用信息系统的配置缺陷、协议缺陷、程序缺陷或使用暴力对信息系统实施攻击，并造成信息系统异常或对信息系统当前运行造成潜在危害的信息安全事件。学生亚文化群体十分关注网络事件，往往通过对事件的分析来表达自己的看法，他们对网络事件的表达本身就隐喻着青年亚文化的价值观。

新媒体时代青年亚文化对社会文化的发展有着独特的文化价值和社会价值。就文化价值来说，青年亚文化促成了文化传播方式的改变，从“单向”向“互动式”方向发展，充分体现了尊重文化自由平等的表达权利，使“个性文化”成为流行的主题，引领着社会文化朝着探寻真实的生命体验出发。就社会价值来说，青年亚文化已成为青年群体特有的生活态度和生活方式的依托，它不仅有利于从意识想象层面解决代际冲突，而且逐渐从虚拟空间开始影响到现实的社会生活。从社会交往方式的发展来看，青年亚文化作为一种新的生活方式，它打破了传统的社会交往模式，极大地丰富了社会生活交往的内容，预示着新的社会交往模式的发展。

（四）对技术环境的影响

1. 信息传播海量化

一般来说，传统媒体信息量小、信息面向窄、信息途径相对单一，而新媒体依托高科技形成了一个覆盖面广泛、涉及领域全面的网状体系，不仅承载、传播了巨大信息量，而且信息更新的速度远远超过传统媒体。在新媒体时代，只要教育者掌握相应的互联网、手机短信等新媒体终端的应用知识，就可以自由地获取大量的信息资源。一般认为，动态更新的消息、数字资源极为丰富的数据库，是新媒体传播最有价值的两种海量信息。比如，像搜狐、新浪等门户网站每天 24 小时可以滚动上万条消息，可做到重大事件即时报道出来。比如，登录中国知网搜索，可以查看各行各业的知识与情报。网络上海量的信息为教育者提供了极为丰富的知识资源，使教育者足不出户就可了解自己所研究领域最新的知识，也为自己获得相关材料进行备课、教学提供了方便。

信息传播海量化的技术环境，使思想政治教育实现了根本性跨越和对传统思想政治教育环境的彻底颠覆：学生可以凭借新媒体随时随地获取所需的知识和信息，极大地提高了思想政治教育信息的传播效率；思想政治教育工作者借助新媒体技术，可以声音、文字、图像等丰富多彩的表现形式，生动地表达思想政治教育内容，并在最短的时间内快速地将思想政治教育信息传达给受教育者，而且不需要受到制度、体制和其他烦琐程序的制约，从而增强了思想政治教育的及时性和辐射力，进一步拓展了思想政治教育空间。

2. 人际关系虚拟化

新媒体时代，由于新媒体技术的广泛运用，现实生活中的每一个人既可以成为一个传播载体或是消息源，也可以成为一个受众，传播者和受众的角色大多是虚拟的，信息交流的双方均是未知的符号代替，因而使得新媒体信息变得复杂多变，人际关系极其虚拟化。这种虚拟化虽然大大削弱了门户对消息的控制，但对加强思想政治教育无疑是个机遇：它有利于学生将内心深处的孤独、苦闷、迷惘等真实地倾诉出来；有利于教育双方可以通过短信、论坛、网络聊天等形式“毫无顾忌”地进行真实心态的交流，发表自己的意见，真正实现畅所欲言。思想政治教育工作者通过新媒体把握到学生最真实的想法，针对他们所暴露的一些思想、学习和生活中的问题进行组织讨论，会收到传统思想政治教育方式不可比拟的效果，达到疏通、引导、教育的目的。

3. 教育平台多样化

传统的思想政治教育平台以课堂教育为主，教育手段也比较单一。新媒体技术为思想政治教育工作者打造了全新的平台，提供了通路上的便利。从传播通道上来说，新媒体实现了从单向度、单维度向多角度、多维度转变；从传播内容上来说，实现了从静态、单一的形式向动态、多样的形式转变，信息的发布和传递更加自由，信息的接受与运用更加方便，从而彻底打破了传统思想政治教育载体的时空、速度限制，使得信息耗散与反馈失真的弊病得到了克服。

在新媒体时代，熟练掌握新媒体技术的思想政治教育工作者，可以通过新媒体的多种技术，集文字、声音、图像、数据等为一体，形成集成性、同步性、交互性和形象性的教育新通路，使思想政治教育更加生动活泼、富于艺术性且更具亲和力。可以说，新媒体为思想政治教育创造了最佳的技术环境，不仅带来了工作场合和对象、教育方式与手段还有信息获取与传播的突破性的改善，使传统的思想政治教育平台由单一性变为多样化和立体化；而且也极大地提高了思想政治教育信息的传播速度，增强了思想政治工作的生动性与感染力。

二、新媒体对学生的影响

新媒体给思想政治教育环境带来影响的同时，也对学生的生活、学习、心理和价值观带来了重大影响。

（一）对学生生活的影响

当下，各种形式的新媒体已深入渗透学生日常生活的各个方面，对他们的衣食住行都产生了重大影响：以网购为例，现在学生购物、买书、打车、订票等主要通过网上完成。除了衣食住行外，QQ、微博、微信等广泛应用，拉近了人与人之间的距离，方便了人们交往，使得新媒体时代学生的交际领域也更为广阔。新媒体给学生生活带来了很多便利，同时也带来了一些问题，主要反映在以下两个方面：

1. 生活方式的改变

在日常生活中，学生沉迷于QQ、微信、抖音、社区等新媒体形态，“使用网络和手机”已成为当代学生的主要生活方式。对新媒体的依赖，极大地减少了学生现实生活和交往的时间，出现了这样一种生存状态：在网络虚拟世界，他们兴致勃勃、浪漫幽默，不停地转换角色，善于和许多陌生人打交道；在现实生活中，他们却沉默寡言、性格孤僻，躲避甚至害怕与他人进行感情的交流。这种虚拟的生活方式，容易导致学生行为或思想逐渐固定化，产生讨厌生活、逃避现实、迷失自我等问题，长久下去，还会引起一系列不健康或亚健康疾病。

2. 人际关系的冷漠

新媒体时代人际关系出现了奇怪现象：一方面，网络虚拟世界拉近了人与人之间的距离，为人际交往带来便捷；另一方面，现实生活中人与人之间的距离越来越远。在很多情况下，当代学生的人与人之间的感情联络、思想交流和嘘寒问暖不再是通过面对面的直接接触来体现，而主要是由各种新媒体形式来代劳了。这种生活方式，缺少了人情味和真情实感，久而久之，很容易使人际情感产生弱化，进而导致人际交往关系的冷淡。

这一现象还表现在与父母一辈的关系方面，随着代际共同话题的不断减少，对问题理解的差异也越来越大，代际隔阂日生，代际关系也发生了异化，对父母、长辈的尊重和孝敬也变得淡薄。此外，新媒体上的“个人空间”虽然满足了学生个性化的心理需求，有助于提升个人自信心，但与此同时也缩小了在现实世界里与他人交往的空间，容易滋生排他心理。

（二）对学生学习的影响

“新媒体具有资源丰富、传输快捷、信息容量大、覆盖面广阔、形式多元化和交流性强等很大优势。”① 新媒体技术对学生的学习方式、方法有着良好的影响，特别是对知识的积累有着明显的优势；不少学生通过运用新媒体技术来达到辅助学习的目的。与以往没有新媒体技术之前相比，现在学生通过新媒体能够及时了解和掌握所学专业领域的最前沿的知识和信息，对深化课本知识、拓展自己的知识面，确实起到了很好的帮助作用。尤其是现在许多教师借助计算机或者在线的网络教学使得课堂或者学习进程变得更加生动形象，改变了传统教学中学生只能依靠书本和老师传授的学习模式，对现行教学模式改革也起到了积极的促进作用。

与此同时，新媒体对学生的学习所带来的副作用也是明显的，主要体现在以下三个方面：

第一，新媒体知识和信息的传播往往是零散和不系统的，由于缺乏专业老师的指导，学生容易对问题的认识和理解不得要领，一知半解。尤其是新媒体搜索引擎的便捷，在帮

---

① 孙国强，刘涛．试析新媒体对大学生思想政治教育的影响［J］．改革与开放，2011（08）：27.

助学生学习的同时，也容易使他们滋长惰性，养成依赖新媒体来完成作业的习惯，以致造成学习研究能力下降，不利于学术功底的培养。

第二，学生世界观还处于形成期，由于受知识、经验、思维认识的局限，他们对许多问题的认识和理解还不太成熟，面对新媒体带来的海量信息，往往看问题容易极端片面，缺乏必要的鉴别力，对他们的思维能力和辨别能力的提高有一定阻碍作用。

第三，由于缺乏必要的课堂交流与社会接触，仅仅通过新媒体学习，既不利于学生创新能力的提高，也不利于学生综合素质的提升。

（三）对学生心理的影响

1. 有利于学生形成内涵丰富的自我

新媒体以其广阔的空间，丰富的信息资源，向学生展示了一个全新的世界，为学生个性的发展创造了自由的空间。它不仅满足了学生对新生事物的好奇心，激发了他们的想象力、求知欲和创造性，而且思维得到了活跃和拓展，促进了心智潜能的开发。

2. 有利于促进学生的心理健康

新媒体为学生适时地转移、倾诉和宣泄自己的不良情绪提供了机会和场所。通过此种方式，他们可以宣泄被压抑的不良情绪，获得一定的心理治疗效果，让他们从日常的精神紧张中解脱出来，有利于促进他们的身心健康。

3. 有利于学生更好地实现自我

新媒体传播信息的互联性和“无屏障性”，有助于学生了解世界、思考世界，形成全球性的思维。由此，全球性思维视角已不再是少数精英的专利，普通学生也能够参与，更好地实现自我价值。

（四）对学生价值观的影响

新媒体就像一把“双刃剑”，对学生价值观的形成与发展既有积极有益的一面，也有消极有害的一面。

1. 培养了“网络民主”意识

“网络民主”是新媒体时代的产物，是政治民主化的内在要求与网络技术普及融合的结果。作为民主的一种全新形式，在网络空间里人们没有现实世界中的贵贱、尊卑、种族之分，人与人不再有身份、地位的羁绊和制度、纪律的约束，相互之间的表达机会趋向平等，每个人都享有平等的话语权，都有坚持和保留自己观点的权利。这种“网络民主”形式，不仅有利于畅通政治参与的渠道，而且也扩展了民主的监督对象和范围，创造了全新的网络监督模式。现在越来越多的学生热衷于接受和实践“网络民主”，他们积极参与、伸张正义，以“滚动散发性”的方式引发一波又一波舆论焦点和社会热议。在这一过程中，“网络民主”为学生民主意识的增强提供了众多的机会和渠道。

2. 增强了主体意识

新媒体既为学生群体提供了一个开放的、自由的、虚拟的话语空间，又为每一个人提供了个性化的表达方式。在穿梭于网络的各种论坛、空间里，学生在新媒体环境中有了做主人的感觉，每个人随时都可以一种虚拟的身份用自己喜欢的方式就关注的政治事件表达自己的思想、发表自己的看法。

应当说，在没有新媒体之前，人们对各种问题也会有自己的不同认识和观点，只不过那时没有可供发表的平台和渠道，让许多好的建议湮灭在萌芽状态。现在这个局面打开了，学生们可以通过QQ、微信、微博等工具，对自己感兴趣的各种话题发表看法、提出建议，充分表达和张扬了自我，第一次有了社会主人翁感觉。在参政议政的过程中，学生获取了现实生活中不容易得到的自信和满足，使得自我意识不断完善，主体意识也不断得到了增强。

3. 强化了开放意识

新媒体拉近了人类地域之间的距离，使“地球村”变为现实。在新媒体时代，今天的人类思考问题，已经不再仅仅是考虑自己所在地域里的问题了，地球上许多问题都是相互关联的，例如，人口问题、资源问题、环境和生态问题等，它需要地球人必须形成一种国际意识、树立一种全球观念，通过全人类的共同努力才能有效解决。学生是最易于接受新思想、新观念的群体，而新媒体恰恰又有助于拓宽学生的国际视野，促进他们的全球化价值观的形成；同时，借助新媒体所搭建的双向或多向交流的开放平台，学生在了解世界文化、展示自己思想的同时，也有助于他们进一步强化自己的开放意识。

三、新媒体对思想政治教育工作者的影响

如同新媒体对学生的学习、生活、心理等带来影响一样，新媒体对思想政治教育工作者的影响，主要反映在以下三方面：

（一）对思想政治教育者工作的影响

1. 为思想政治教育工作搭建了新平台

教育主客体之间相互联系沟通，是思想政治教育工作者实现育人目标的首要前提。在传统思想政治教育环境中，教育主体对客体的思想状况的把握，主要是通过座谈会、个别

谈话、班级骨干汇报等途径来完成的，受各种条件和因素的制约，往往情况不太真实或者把握不住问题的关键点，因而难以达到思想政治教育的效果。

新媒体在为学生提供学习和交流的新工具和新平台的同时，也为思想政治教育工作者开通了更多的了解学生思想状况的渠道。在虚拟世界里，学生可以无拘无束、敞开心扉，表达自己的喜怒哀乐，让思想政治教育工作者一览无余、尽在掌握之中。思想政治教育工作者可以根据学生的各种心理需求，及时地进行先进思想文化的传播引导和正确的世界观、人生观、价值观教育。可以说，新媒体为思想政治教育工作者搭建了更加广阔的思想政治教育平台。

2. 为思想政治教育工作提高了时效性

传统思想政治教育主要是通过思政课、传统媒体等形式来实现的，信息传播的范围、速度都是有限的。新媒体凭借全天候、全时空、全方位的优势，不仅传播速度快，且具有极强的时效性。在新媒体时代，人们足不出户，通过新媒体便可以了解世界上政治、经济、文化、科技、体育等各种信息，同时也可以把自己制作的信息发布到世界上的每个角落，因而深受学生的偏爱，成为他们了解世界、关注时事的主要渠道和来源。

新媒体技术提供信息的丰富、及时和迅速，作为思想政治教育的一种新型载体，对思想政治教育工作者来说，无疑也提高了他们工作的时效性，使他们能够更加便利地获取丰富的教学资源，能够突破传统教学时间限制和其他烦琐程序的制约，更加便利地传播思想文化，更加及时地开展思想政治引导和教育。

3. 为思想政治教育工作增强了实效性

所谓思想政治教育的实效性，是指实际的功效或实践的效果，思想政治教育预期目标与结果之间的张力关系，是实践活动结果对于目的的是否实现及其实现程度，亦即实际效果问题。

具体来说，思想政治教育实效性表现在两个方面：一是思想政治教育的内在效果，就是要求思想政治教育能够顺利地内化为学生个体的思想道德素质，具体针对的是学生个体的发展和人格的完善；二是思想政治教育的外在效果，就是要求通过思想政治教育能够提升学生的思想道德素质，以良好的行为举止影响社会，营造良好的社会氛围，推动社会全面进步，具体针对的是社会的整体效果。思想政治教育的内在效果和外在效果，是相辅相成的，但要取得最佳效果，内化最为关键。

“思想政治教育话语表达是展现思想政治教育生命力和活力的关键。思想政治教育者不仅要以深厚的理论功底赢得教育对象，而且要善于话语表达，让教育对象从中感受到教育者的人格和学识魅力。优化思想政治教育者的话语表达对提升思想政治教育的实效性具有至关重要的作用。”① 从新媒体信息容量大、资源丰富、传播迅速、交互性强、覆盖面广、形式多元等优势来看，新媒体为促进思想政治教育实现内在效果提供了机遇。新媒体丰富的共享资源，为思想政治教育工作者开展工作提供了充足的资源；新媒体的快捷性，为思想政治教育工作者大规模地、主动地、快速地传播正确的思想、理论和政策提供了方便，避免了信息传递过程中的衰减和失真；新媒体主体的平等性，促进学生主动参与对话交流，实现了教育者与学生双方的随时互动交流，使教育者和学生之间的互动更广泛、更深入；新媒体传输的超媒体性，扩大了思想政治教育的覆盖面，将思想政治教育的课堂延伸到学生学习、生活的各个场所，促进了思想政治教育的社会化，使思想政治教育的实效性得到了大大增强。

4. 为思想政治教育工作强化了渗透性

隐性教育是相对于显性教育而言的。所谓隐性教育是指在宏观主导下通过隐目的、无计划、间接、内隐的社会活动使受教育者不知不觉地受到影响的教育过程。思想政治教育工作者在实践中常常感到，公开的、显性的思想政治教育，往往难以达到预期的效果；而采用隐性教育，通过“潜移默化”“润物无声”的方式，更能对受教育者的思想、观念、价值、道德、态度、情感等产生影响。

由于新媒体具有隐秘性、虚拟化的特征，为思想政治教育工作者开展渗透隐性教育提供了可能。思想政治教育工作者可以借助新媒体技术，利用微博、网络论坛、网络聊天等形式，实现教育目的于日常生活中，渗透教育过程于休闲逸志间，潜移默化地对学生进行思想政治教育，以达到思想政治教育的实际效果。

（二）对思想政治教育者主导地位的影响

1. 有利于思想政治教育工作者掌握工作的主导性

在传统的思想政治教育环境中，从表面上看，思想政治教育工作者始终是掌握着工作主导性的，但实际上由于无法真实把握学生的思想动态和真情实感，加上思想政治教育的形式又比较单一，思想政治教育是很难收到较好效果的。新媒体时代，新媒体为思想政治教育工作者掌握工作的主导性增添了助力，主要表现在以下三个方面：

（1）新媒体的交互性，使思想政治教育工作者能够掌握到学生的思想动态，及时了解到他们关注的热点，这为思想政治教育工作者更好地发挥主导性创造了条件。尤其是对学生中出现的倾向性问题，能够及时有效地加以引导、处理，使问题在萌芽状态得到解决。

（2）新媒体信息资源丰富，许多新潮语言层出不穷，经过思想政治教育工作者的加工

① 刘燕，刘龙飞．新媒体时代思想政治教育话语表达研究［J］．学校党建与思想教育，2021（17）：20.

处理，能够很快丰富和转化为思想政治教育教材，成为思想政治教育工作者掌握话语权的重要资源。

（3）新媒体形态多样，有助于思想政治教育工作者发挥创造性，将立体的文化传播形态集翔实的文字材料、悦耳的音乐旋律和精良图形图像于一体，引入学生思想政治教育之中，使学生更乐于接受。

2. 有利于思想政治教育工作者增强工作的互动性

思想政治教育能否成为一个互动的系统，做到主客体之间的互动与交流，这是思想政治教育取得实效的关键。总结思想政治教育工作的经验与教训，教育主体与客体之间不平等，两者之间存在对立与隔阂，不能做到互动与交流，应当是其中一个重要教训。

新媒体时代，网络的虚拟性和匿名性使得思想政治教育工作者居高临下的姿态不再，他们以平等的姿态与学生互动交流，建立起了一种新型的主客体关系。这种新型关系的建立，有利于创造教育者与教育对象之间的和谐环境，有利于他们和谐相处、相互尊重、互动交流，有利于尊重和维护思想政治教育工作者的主导地位，也有利于在比较宽松的新媒体环境中对学生进行潜移默化地教育，从而增强了思想政治教育的渗透性和实效性。

3. 有利于思想政治教育工作者实现工作的高效性

长期以来，思想政治教育主要是通过课堂教学并辅以座谈、讨论、谈心、社会实践等形式来开展的。这种传统的思想政治教育形式，在社会日益快节奏发展的今天，越来越显得效率低下，不能适应新媒体时代思想政治教育的需要了。而在新媒体时代，新媒体所展现的快捷、灵活的优势，有助于改进思想政治教育效率低下的现状。思想政治教育工作者运用新媒体能够使正面的声音摆脱时空限制迅速传播；能够及时了解社会热点新闻，使教育者及时掌握教育对象的最新思想动态，进而发现问题，解决问题；能够更为方便和快捷地发布更具个性化的信息，在最短的时间里把教育内容迅速传递给受教育者，使思想政治教育更直接、更深入。通过新媒体，学生改变了在规定的时间到规定的场所接受教育的方式，他们可以在任何一个地方、任何时间获取所需的知识和教育，从而达到了思想政治教育工作者实现工作高效性的目的。

（三）对思想政治教育者教育模式的影响

1. 拓展了思想政治教育工作者的教育内容

与新媒体时代相比，传统思想政治教育时期，由于受到主客观条件的限制，思想政治教育的信息知识储备量、教育覆盖面等相对较小，影响了思想政治教育的效果。新媒体时代，思想政治教育工作者的教育内容得到了极大拓展。这种拓展，主要反映在以下四个方面：

（1）新媒体技术超大信息量的特点，使思想政治教育的内容变得更加丰富而全面，同时也使思想政治教育工作者在实施教育时更加具有可选择性和客观性。

（2）新媒体的广泛运用使得全球性信息资源共享变成可能，它对改变传统思想政治教育的信息知识储备量小、教育覆盖面窄等成为可能。

（3）新媒体信息的速度更快，有助于思想政治教育工作者在短时间内完成思想政治教育内容的收集、筛选工作，选择那些时代性强、教育意义大的思想政治教育内容，从而大大提高思想政治教育工作的时效性，体现思想政治教育工作的时代要求。

（4）新媒体技术的多样性，使原本比较枯燥、抽象的教育内容，开始走向立体化、动态化、超时空化，思想政治教育工作者通过集声、色、光、画等为一体的新媒体技术演绎出来，使抽象变得形象、枯燥变得活泼，大大增强了思想政治教育的吸引力和实际效果。

2. 更新了思想政治教育工作者的教育方式

新媒体的广泛运用，极大地改变了传统思想政治工作的教育方式，它带来了以下“四个转向”：

（1）转向开放式教育。由于新媒体技术的广泛使用，改变了以往的封闭式教育方式，使得学生接受教育的渠道变得更多元、更直接、更具体，因而趋向开放式教育成为可能。

（2）转向启发式教育。新媒体时代，思想政治的教育方式已经不适合采用灌输式教育方式了，这种教育方式已更新为以学生为主体、教师为客体，以启发诱导的方式来引导学生的思想进步。

（3）转向双向互动式教育。新媒体时代，由于新媒体使得教育主客体之间真正实现了双向互动交流，教育者在进行授教的同时，自己也在同时接受着教育，因而从单向被动式教育向双向互动式教育转变成为可能。

（4）转向服务式教育。新媒体技术的运用，使得传统的以“老师说，学生做”为主的教育方式失去了其优势。由于思想政治教育工作者在思想政治教育中所起到的作用更多的只是一种引导和指引，即通过引导和指引将强制性的信息灌输变为信息的选择利用和服务上，从而大大提高了思想“灌输”的实效性。

3. 丰富了思想政治教育工作者的教育手段

思想政治教育工作者在实践中深深感到，与新媒体技术相比，传统思想政治教育的手段比较单一，效果难以彰显，越来越不适应时代发展的需要。而新媒体丰富了思想政治教育工作者的教育手段。如网络论坛、QQ、微信、微博等工具，运用在思想政治教育工作者的手中，都可以拓宽学生思想政治教育的途径，成为新媒体时代开展思想政治教育的新手段。

比如充分利用微信群，思想政治教育工作者可以将思想教育的内容渗透到班级微信群交流中，使班级在网络中也能呈现出交互性信息活动场所；又如通过运用“网络论坛”，思想政治教育工作者可以克服课堂教学的时间限制，打破传统意义上的班级概念，借助网络论坛来传递信息、交流思想、聊天谈心，从而卓有成效地推动学生思想政治教育。

第三节　新媒体时代思想政治教育工作的变化与优势

一、新媒体时代思想政治教育工作的变化

（一）思想政治教育手段丰富多样化

教育手段多样化是新媒体时代思想政治教育工作呈现的显著特点。传统课堂教育形式单一，吸引力较差，内容讲授手段常规，随着新媒体的应用，彻底改变了思想政治教育的教学方式，教育的主客体地位转化，使教育者、受教育者以多重身份出现获取信息达到教育目的。思想政治教育工作者可以结合学生特点和课堂计划选择最科学的教学内容和育人方法。通过新媒体的科学使用，丰富了思想政治教育工作的手段和方式，思想政治教育方法更加灵活和多样化。新媒体平台信息及时有效的传播，增强了思想政治教育的时效性，减轻了教育者工作者的压力，为育人环节提供了强有力的技术支撑。

（二）思想政治教育内容立体化

传统的思想政治教育信息主要来源渠道体现为教师课堂教学、大纲、书本以及思想政治教育工作者的语言灌输，比较刻板和单一，缺乏活力与吸引力，课堂学习效果较差。传统的教育方式自身有一定局限性，传播效果受到环境、空间和目标人物的多方位影响。在此情况下，教师所开展的教学内容以及采用的教学手段可能会起到相反的作用。

随着新媒体的进一步发展和广泛使用，思想政治教育体系逐步完善，内容不断丰富，课堂语言生动活泼更容易被学生接纳和吸收。教师可以通过多种形式和途径进行知识的传播，价值观的引导和学生个性化的教育。通过新媒体工具的辅助，课堂教学增加了讲授内容的趣味性，活跃了课堂气氛，增强了授课内容的生动性，吸引学生独立思考和自主学

习，培养了学生勤学善思的好习惯。在新媒体时代这种静态到动态的转变，由点到面的覆盖能够显著增强思想政治教育工作的效果。

（三）思想政治教育的成果共享化

无论是新媒体呈现的具体内容还是新媒体提供的技术手段，都在思想政治教育过程中呈现共享化的特点。这种共享性从根源上降低了信息成本，最大限度地节约了人力、物力和财力的资源成本，做到了新媒体时代信息资源的充分合理利用。在开展思想政治教育过程中，教学资源与师资力量配比都受到新媒体集约化程度强弱的制约。以新媒体平台为架构，思想政治教育成果转化为受众服务的辐射面变宽。在学校、家庭、社会多方配合形成教育合力，将思想政治教育在实施过程，成果转化可能出现的问题进行排查演练，强化问题意识。思想政治教育成果共享能使育人过程变得更加透明化、理性化和科学化，人人都可以作为监督者也可以作为实施者，资源的共享化推进了社会进程和思想政治教育工作的科学发展。

（四）思想政治教育环境复杂化

在新媒体时代背景下，思想政治教育的客观环境呈现复杂化特点。部分学生对新媒体过度依赖使用，沉溺于虚拟空间，在现实生活中人与人之间距离疏远，心理问题逐步显现，社会信用危机和心理障碍问题出现概率较大。新媒体打破了传统的时空边界，部分学生上课不集中，成为“低头族”的一员，影响了自身学业的完成。甚至一些学生沉溺于网络游戏，重度依赖手机，网络游戏成瘾等现实情况成为现在社会不容忽视的问题。复杂的新媒体环境可能成为诱发网络犯罪，成为引起社会不稳定因素的温床。新媒体时代涌现的大量信息给监管部门带来难度，监控机制有待完善，监督力度需要进一步加强，信息的筛选和排查愈加困难。

通过新媒体与思想政治教育工作的深度融合，摸索科学的育人模式，以广阔的视角，更有成效地对信息资源进行理念、制度、方法的创新，强化价值观的引领，加强思想政治教育知识宣讲，凝聚社会资源，实现育人目标。

二、新媒体时代大学生思想政治教育的优势

新媒体的出现是社会发展、人类进步的体现，因而人们只能接受，而接受分为主动接受和被动接受，作为一种符合人类历史发展潮流的新鲜事物，被动地接受是不可取的，因而人类要主动接受并因势利导，充分发挥其自身优势。新媒体的产生和发展使得人类社会

进入了一个全新的通信时代，在新媒体的平台下，信息的传播方式更加快捷。

“近年来，新媒体蓬勃发展，不仅提高了信息的传播效率，也为教育领域思想政治教育的发展奠定了坚实的基础。在开展思想政治教育的过程中，新媒体技术能够发挥重要的辅助作用，帮助教育主体合理定位，充分调动教育主体参与思想政治教育工作的积极性和主动性。”新媒体正在以其独特的媒体传播优势影响着人们的生活，同时也影响着学生的思想政治教育工作。

（一）新媒体为学生思想政治教育提供平台

1. 知识获取平台

随着信息化的发展，互联网在中国得到极大的发展，中国网民规模、互联网普及率普遍提高。智能手机是时代发展的新兴产物，它的功能非常强大，它除了手机固有的打电话、发短信等功能之外，还可以下载多方应用软件，看电影、听音乐、玩游戏，还可以用它来看股票、查天气等，功能非常齐全。智能手机开始逐步进入人们的生活，学生更是使用智能手机非常重要的一个群体，许多学生的日常生活离不开它，使用它上网、社交、了解信息俨然已成为他们生活中不可或缺的一部分。为了锁定人群，即时通信产品定位的差异化早已凸显。在主流即时通信品牌中，QQ 和微信将用户年龄作为区分要素，在功能上针对不同年龄段群体的需求实现差异化发展。对其他即时通信而言，则分别专注于年轻用户兴趣社交和在线购物、在线游戏等特定沟通场景，以解决特定用户需求为核心，实现其持续发展。这就意味着新媒体越来越满足人的个性化需求。

而在新媒体出现之前，人们获取信息的方式只能通过报纸、电视、广播、书籍等形式，以这些形式发布的信息往往具有一定的局限性、滞后性。由于新媒体的开放特性，极大地改变了这一现象，任何人都可以把自己的生活阅历或是理论成果上传到新媒体平台上，这样一来每个人的涓涓细流最终就汇聚成为知识的海洋，新媒体的强大的存储功能更使得这些信息资料形成了一个博大的知识宝库。人们在对某个信息、某些知识进行查询时，利用新媒体平台进行在线搜索，足不出户就能把与输入问题相关的信息尽收眼底。搜索到的信息，极大地满足了人们对于知识的需求。思想政治教育工作者在备课的过程中，便可以充分利用这些资源，汲取优秀的教学成果和教育经验，采众家之长，在阅读和学习中提炼精华，丰富自己的教学内容，积累教学素材。

2. 信息传播平台

思想政治理论课教师可以充分利用这些信息传播的平台，把自己的思想观念、学习材料等通过网络的方式与他人共享。

首先，在讲授教学内容时配以适当的案例，案例要选取新鲜的新闻事件和学生感兴趣的话题。在教学过程当中要随时随地将有利于学生掌握的视频、图片等应用到课堂当中。

其次，思想政治理论课教师要利用新媒体，拓展思想政治理论课的外延。可以开通“师生联名网站”、班级 QQ 群，利用手机中的教育 APP，上传教学内容、自学要求、教学课件、训练习题、有教育意义的影片和最新的时政新闻和学生感兴趣的话题，实现资源共享。智能设备使得这种传播方式不受时间和空间的制约，学生无论在家里、宿舍，还是教学楼内，只要是能够联通互联网，就可以对其进行学习和下载，既节省了资源，也提高了传播的效率，同时还培养了学生自主学习能力，增强思想政治理论课教学的时效性和针对性。

3. **师生交流平台**

进入新媒体时代，多种通信方式丰富了人们的沟通途径，教师可以利用手机媒体或网络聊天工具等与学生展开深入的交流，新媒体的文字聊天功能、语音聊天功能、图片和视频等的上传功能使得新媒体的信息传播具有即时性的特点，突破了传统思想政治教育的时空界限，实现随时随地的、畅通无阻地交流。而新媒体时代学生更愿意使用现代媒介手段向圈内朋友分享自己的生活，吐露自己的心情和想法。“新媒体的交互性使其在思想政治教育过程中具有明显优势。新媒体能够有效地促进教育主体实现身份转换，增强受教育者参与思想政治教育的主动性。面对复杂的网络环境，丰富和发展新媒体形式、转变教育主客体的角色观念、构建良好的新媒体生态是新媒体思想政治教育优势得以发挥的重要途径。”

以微信为例，微语言能够真实地映射出学生的心理和思想，这为思想政治教育工作提供了重要的线索。随着微信的普及，教育者和受教育者打破了以往主客体之间的互动屏障，教师以一个朋友的身份关注学生的成长、心理变化和思想动态。微信即时性的特点可以帮助教师利用这一特征适时与学生沟通、交流，帮助同学答疑解惑。一方面，可以及时地了解到学生的思想动态，获取学生宝贵的意见，从而改进自己的教学方法，以达到更好的教育效果；另一方面，可以借助微信平台通过编辑或转发积极向上、可读性、趣味性强的微文，借助网络舆情的正能量，传播主流意识形态，消除学生对传统思想政治教育的抵触心理。通过长时间彼此的交流与关注，可以消除教师和学生之间的壁垒，加深和优化两者之间的关系，提升师生互动的深度和广度。教师也可以利用这一平台对学生展开有效的思想政治教育，对学生进行正确的引导，帮助学生解决学习中、生活中、情感方面所遇到的困难，促进学生的身心健康发展。最终促使思想政治教师借助微信这一平台使隐形的思想政治教育的效果发挥得更深入和直接。

（二）新媒体拓展了学生思想政治教育方式

目前，我国的思想政治教育仍是以教师为中心，以教室为场地，以课本为教学内容，以讲授为主要教学方式，以多媒体课件为主要教学手段，形式固定的“一对多”的单向信息传播模式。而思想政治理论课传统教学中存在的弊端，借助新媒体可以有效地规避，同时增强课程的时效性。思想政治教育可以实现以下两个方面的转变：

课上，思想政治理论课利用新媒体摆脱以往上课以说教为主的方式，教师可以通过图片、音频、视频、微课等媒体形式将思想政治理论课的内容以更加丰富多彩的方式呈现给学生，让学生同时接受视觉和感官的刺激。教师要学会利用新媒体丰富自己的教学内容，充实自己的教育素材和教学案例，制作精美的课件和视频辅助课堂教学。

课下，通过QQ、微信、微博、网络论坛等开辟思想政治理论教育的新阵地。传统模式下思想政治理论课是学校开展思想政治理论教育的主渠道、主阵地，但在新形势下不能忽视新媒体这块新阵地对思想政治教育产生的影响。

新媒体平台的交互性使得学生获得了更多的与教师互动交流的机会，不仅能够促使学生表达自己的思想和观点，也能促使学生对于教育内容展开更深层的思考和探索，增强学生的求知欲；同时，学生对思想政治教育的信息可以进行主观自由选择，可以对思想政治教育的信息进行反馈，这对思想政治教育工作者本身也是一种鼓励和鞭策，也促进了思想政治教育工作者进一步提高自身的素质、丰富教学内容和提高教学水平。互联网、手机媒体等都可以在这种教育方式下激起学生主动学习的欲望。

新媒体不仅可以传播信息、交流互动，还可以成为调查问卷的一个电子网络平台。随着新媒体的发展，智能手机为人们提供很多方便，这就使得学生可以在短时间内完成调查问卷，教师可以借助手机这个平台直观地查看问卷结果。通过这一功能，教师可以更全面地了解学生的思想动态，以此为依据确立系统化的教学内容、教学方法和教学手段，通过营造轻松愉悦的教学氛围，加强与学生的交流，满足学生对一些社会问题的关注，使思想政治理论课真正满足学生的需要。与此同时，教师还可以开发网上互动答题系统，实时检验学生学习的情况，掌握学生对于一些重要知识点的掌握情况。

（三）新媒体提高学生思想政治教育的实效性

在新媒体时代下，学生思想政治教育仍然要注重提升教育实效性。目前，新媒体凭借其技术优势已经越来越成为加强和改善学生思想政治教育的重要载体，这促使学校关注、重视各类校园新媒体产品的打造及新媒体平台的完善，以切实行动促进学生思想政治教育理想目标的实现。

一方面，学生思想政治教育工作者，能够借助新媒体对当前的学生思想政治教育教学模式进行有效改善，并注重结合当代学生的品格特点，实现教育内容与学生思想观念的及时对接，加深学生对思想政治教育教学内容的理解，提升学生对于思想政治教育内容的认同感，真正促进学生思想政治教育内容入脑入心。

另一方面，学生思想政治教育工作者，能够借助流行于学生群体中间的社交型新媒体，以了解学生在一段时期内普遍关注的热点新闻及其他内容，掌握其真实想法，进而采取适当的、针对性强的教育方式与学生展开交流探讨，帮助学生厘清事实，引导其培养积极心态，从而提升新媒体时代下学生思想政治教育的实效性。

（四）新媒体提高思想政治教育的时效性

在新媒体时代下，学生思想政治教育同样要注重教育时效性的提高。在传统学生思想政治教育的开展过程中，教学素材存在一定的滞后性，导致教学课堂缺乏足够的生动性和吸引力，这在很大程度上削弱了学生思想政治教育的实际教学效果，甚至引发学生对思想政治教育理论课的反感情绪，以致对理想教育目标的实现形成阻力。

在新形势下，新媒体的迅猛发展使学生思想政治教育的时效性得以改善，主要表现为新媒体不仅使课堂教学的效率，即信息传达的速度得到显著提升，而且使学生思想政治教育的开展打破了时间、空间的局限。对于学生群体来说，新媒体的参与使学生的视野得以拓宽，表现为学生能够通过新媒体在第一时间接触、掌握国内外在政治、经济、教育、军事等领域所发布的最新内容，拉近在校学生与外界环境的距离；对于学生思想政治教育工作者来说，新媒体使思想政治教育工作者的教育观念转变、教育方式变得更具时效性，有助于学生思想政治教育工作者通过新媒体就某一新闻热点与学生所思所想产生及时对接，引导学生树立正确的信息选择及评价观念，切实提升新媒体时代下学生思想政治教育的时效性。

第二章
新媒体时代思想政治教育的基础理论

第一节　新媒体时代思想政治教育的基本原则

一、新媒体时代思想政治教育原则确立的依据

重视思想政治教育的地位，发挥思想政治教育的作用，是中国共产党的优良传统和政治优势。当代学生呈现的思想变化，对思想政治教育而言是新的挑战，必须对传统的思想政治教育原则进行更新，以进一步加强思想政治教育的时效性。

正确的原则来源于对客观规律的正确认识，这种客观规律是管理原则的根本依据。确立思想政治教育原则的主要依据有以下三点：

第一，发展的规律。发展的基本规律或发展中的基本关系，在外部是教育与社会的辩证关系，在内部则是教学、科研、思想政治教育等各项工作的辩证关系。思想政治教育原则必须反映它们之间的辩证关系。

第二，思想政治教育工作的规律。管理有其自身的规律性，这种规律性在不同的管理领域有不同的表现形式，思想政治教育原则应该同时反映管理的这些基本规律。

第三，思想政治教育工作实践经验科学总结。经验一般起不到普遍指导的作用，只能起参考借鉴的作用。但经验经过科学的总结，经过概括上升成为理论原则，就有指导的作用。制定原则必须依据实践经验。

二、新媒体时代思想政治教育原则的特点

要实现思想政治教育的目标，必须在教育活动中遵循思想政治教育的原则。思想政治教育原则具有客观性、指导性、辩证性、层次性、整体性、动态性等特征。

（一）客观性

由于原则是人们对客观规律的主观认识，因此，难免带有主观认识的局限性。但必须明确，原则不能任意制定，而人们认识上的局限性将随着实践的丰富、认识的深化、科学研究的发展逐步减少趋于消除，从而使确立的原则更深刻地反映规律。思想政治教育工作的规律是客观存在的，因此，反映这些客观规律的管理原则，就如同规律一样，具有客观性。

（二）指导性

原则源于实践，高于实践，对实践具有指导作用。思想政治教育工作的基本原则对各系统、各层次、各类型的思想政治教育活动具有指导意义。它既不是规定思想政治教育活动的具体功能和具体过程，也不是规定思想政治教育的具体目标、内容、方法和手段，它只是指导思想政治教育者应当怎样做和不应当怎样做的基本准绳，告诉思想政治教育者应当怎样根据思想政治教育的内容，选择思想政治教育的方法和手段。所以，一切正确的管理活动必须符合管理的基本原则；反之，不按管理原则办事必然遭到失败和挫折。

（三）辩证性

思想政治教育是一个不断发展的过程，新事物、新情况、新问题层出不穷，每个人都不可能穷尽真理认识的历史长河，加之不同个人的认识能力、认识水平又有差异，因而人们对思想政治教育规律和原则的认识都具有相对性。思想政治教育原则之间既有区别又有联系，对各个原则的认识也不能绝对化，要看到它们之间的相容性、交叉性和衔接性。思想政治教育原则是思想政治教育系统内在的本质关系的抽象，只有深刻理解思想政治教育过程中的各种关系，所确定的原则才能较为符合实际。

（四）层次性

思想政治教育原则体系是按照由整体到局部、由一般到个别、分层次有序排列的，每个层次的原则都是在一定的范围内和条件下起作用，都有自己特殊的功能和意义。

（五）整体性

思想政治教育原则体系的整体性特征表现在以下三个方面：

第一，思想政治教育原则是以思想政治教育规律作为客观依据而构建起来的；各原则之间具有紧密的内在逻辑联系，相互作用、相互补益而构成一个整体。

第二，思想政治教育原则体系具有“1+1>2”的整体功能。思想政治教育原则体系虽然由上述三个层次的众多具体原则所组成，但这些原则相互关联，不可分割，在运用原则时不能顾此失彼，而应统筹兼顾，综合运用。

第三，思想政治教育原则体系的各个层次之间和各具体原则之间相互依赖，相互作用。第一层次原则对第二、第三层次原则具有规范、指导作用，下一层次原则在某种意义上讲是上一层次原则的具体化，又对上一层次原则产生一定的影响。如果对此认识不足，就有可能造成对思想政治教育原则把握和运用的偏误。

（六）动态性

思想政治教育原则是一个多层次的动态体系，不是孤立静止僵死不变的。

首先，随着人们社会实践的发展，思想政治教育的新经验将得到不断总结，新规律将会不断被认知，反映这些规律的新原则也就出现了。

其次，即使是思想政治教育的同一原则，其内涵也会随着实践的发展而不断丰富。

最后，思想政治教育原则的运用也是随着时间、地点、条件的不同而不同。

总之，只有在动态中认识、把握和运用思想政治教育的原则，才有可能避免认识上的僵化、实践工作中的机械，从而使思想政治教育生机勃勃、卓有成效。

三、新媒体时代思想政治教育原则的制定

（一）新媒体时代思想政治教育原则的制定环节

思想政治教育原则应在总体上全面指导思想政治教育工作过程的各个环节各种管理方式方法的运用、各项组织制度和规章制度的建立以及各项具体工作的管理活动等。思想政治教育原则不仅对党、团、工会等这一特定层次的思想政治教育管理有普遍指导意义，还对包括教学部门、教辅部门和后勤部门在内的各个单位的育人工作具有指导意义。思想政治教育的原则，一方面，受高一层次的原理、原则的指导；另一方面，又指导低一层次的原则。

（二）新媒体时代思想政治教育原则的制定意义

思想政治教育原则反映了学校管理的基本规律和原理，着重阐述进行思想政治教育的基本思想和原理。思想政治教育原则实质上就是思想政治教育理论的条理化、具体化。正确的管理原则作为管理规律的反映，按原则办事或按规律办事是一致的。遵循原则进行管理，也就是理论指导实践的体现。

四、新媒体时代思想政治教育原则的内容

（一）面向社会的方向性原则

管理是一种有目的的活动，管理工作必须具有方向性。学校是一个教育组织，办教育、管理学校是有明确目的的活动。方向的正确与否直接决定着管理效能的高低。思想政治教育工作的主要问题，是要明确由谁领导为谁服务的问题，这是决定学校办学性质的根本问题。我国的社会性质及其教育目的，要求学校的一切管理活动都要为社会主义服务，这有利于培养德、智、体、美、劳全面发展的高级专业化人才。

方向性原则是指思想政治教育工作必须坚持正确的方向（包括政治和业务两个方面），坚持党的全面领导，保证办学的社会主义方向，用正确的思想引导师生员工。这是思想政治教育工作受社会政治、经济制约的客观规律的反映，也是由社会主义教育的性质、目的、任务及其特点决定的。贯彻这一原则，学校就能确立正确的目标，师生员工才有向心力、凝聚力。如果思想政治教育方向发生偏差，必然产生震荡，它所造成的消极影响一般很难在短期内得到纠正。

1. 坚持正确的政治方向，全面贯彻党和国家的路线、方针、政策

思想政治教育工作必须认真贯彻党在中国特色社会主义历史阶段的基本路线。明确“教育必须为社会主义建设服务，社会主义建设必须依靠教育”的指导思想，全面贯彻党和国家的路线、方针、政策，尤其是教育方针政策。力求使学校的教育及其管理工作能主动地适应社会主义建设事业需要，努力培养德、智、体、美、劳等各方面全面发展的一代新人，更好地为社会主义建设服务。

2. 加强党的全面领导

坚持党的领导是办好社会主义学校的根本保证，当然也是做好教学和管理工作的根本保证。加强党的全面领导，就是要坚持党委领导下的校长负责制，切实发挥党在治理中的领导作用、师生员工在治理中的主体作用；牢牢掌握党在意识形态领域的管理权和领导权，让中国特色社会主义理论体系和社会主义核心价值观真正进教材进课堂进头脑；加强思想政治工作，保证和监督党的各项方针政策的落实，从而保证学校各项工作遵循党所指引的正确方向顺利开展。

3. 明确培养目标与办学目标

目标本身就是一种方向，伟大的目标可以产生伟大的动力。被教职工共同认定的奋斗目标，是师生员工为之奋斗的蓝图。它能把教职工凝聚成为一个具有统一意志和步调、具

有鲜明的奋斗目标的战斗集体；它可以帮助和引导、指导教职工端正办学思想和办学方向。思想政治教育工作人员不仅自己要“吃透”培养目标，而且要引导教职工明确学校的培养目标，并且在此基础上提出切实可行的具有感召力、激励力的办学目标。

4. 切实加强思想领导

人们的管理活动是受一定思想支配的。思想政治教育工作，既要管事，又要管人，但首先是管好人的思想，做好思想工作。只有在正确思想的指导下，把人的思想发动起来，才能有积极的、正确的行动，从而做好各方面的工作。

（二）育人为中心的整体性原则

育人为中心的整体性原则是指思想政治教育工作是以培养全面发展的高素质人才为中心的整体系统的协调运动。这是由思想政治教育工作的总目标决定的，是对系统原理、整分合原理的反映。

整体性原则要求把研究对象看作社会的一个功能系统，要对影响的内部、外部诸因素，以及管理过程各阶段、各系统、各层次、各部分的工作，进行综合管理，做到整体把握、科学分解，重点突出、互相配合。这种配合必须是协调一致的，也就是要合理调配科学分工，有主有从，统筹兼顾，综合平衡。由于思想政治教育工作的根本任务是立德树人，因此，必须围绕坚持社会主义办学方向这一根本要求，围绕培养全面发展的高素质人才这项根本任务来进行。

贯彻整体性原则，就必须做到以下三点：

1. 树立整体观念

要明确思想政治教育工作是一个有机的整体。要从整体出发，处理好局部与整体的关系、当前与长远的关系、集中统一与分散灵活的关系、内部与外部的关系，据此制定明确的总目标，并为实现总目标制订出具体方案，分清主次、从属、轻重、缓急与先后，既明确中心任务又不忽略其他任务。

在思想政治教育工作中，不管是订计划、做决策、定制度，还是抓调整，都要胸有全局，服从整体。

2. 明确重点，突出中心

思想政治教育工作千头万绪，错综复杂。进行思想政治教育工作就要学会“弹钢琴”，用全力找出它的主要矛盾。思想政治教育工作必须以立德树人为根本，以理想信念教育为核心，以社会主义核心价值观为引领，以全面提高人才培养能力为关键。构建课程育人、科研育人、实践育人、文化育人、网络育人、心理育人、管理育人、服务育人、资助育人和组织育人等育人体系，形成全员全过程全方位育人格局。

3. 加强思想政治教育工作的纵向和横向联系

就整个教育范围来说，它包括学校教育、社会教育、家庭教育等一系列要素的集合，这是一个大系统。学校思想政治教育只是其中的一个方面。这就要求思想政治教育工作者在思想政治教育工作过程中，不仅要把眼光放在学校内部，而且要向更大范围延伸，既要了解学生的家庭情况，需要与学生家长沟通及配合，还要组织学生进行社会实践，依靠红色教育基地、社会导师等社会资源对学生进行教育。

（三）全员育人的民主性原则

构建思想政治责任体系，实现全员育人，要重点抓好党政干部和共青团干部、思想政治理论课教师和哲学社会科学课教师、辅导员班主任和心理咨询教师三支队伍建设，带动全校师生员工提升思想政治素养，多点发力、形成合力、共同育人。

强化党委的领导核心作用，落实党委管党治党、办学治校的主体责任。充分发挥共青团在教育、团结和联系青年学生方面的优势，把育人贯穿思想引领、校园文化、科技创新、社会实践、组织建设等各项工作中。实行思想政治理论课专任教师任职资格准入制。提高哲学社会科学课教师的思想政治修养，加强教师队伍的社会主义精神文明建设。按照政治强、业务精、纪律严、作风正的要求，配齐配强配顺辅导员。将心理咨询师资队伍建设纳入学校师资队伍建设规划，重视心理咨询教师的专业培训工作。

实行民主性原则，这是实行科学管理、提高管理效率的需要。思想政治教育工作是一种复杂的创造性劳动，做好思想政治工作，单纯依靠管理者个人或管理者单方面的积极性是远远不够的。任何有才能的领导干部，其个人才能与群众比较起来总是微不足道的，群众是真正的英雄。只有遇事相信群众，依靠群众，善于激发和集中群众的智慧和力量，才能实行有效的管理。

（四）促进改革的动态性原则

事物的运动发展是绝对的，静止是相对的。管理过程本身就是一个不断变化发展的动态过程。不仅管理对象诸要素，如人、财、物、时间、信息等，是不断变化发展的，而且它们之间的相互关系也在不断变化发展着。不仅系统自身在变化发展，而且与上一层次、同一层次的有关系统之间的相互关系也在变化发展。因此，管理过程的实质就是根据管理对象变化、发展的情况，及时做出相应的调整，以实现整体目标的过程。

由于管理的对象复杂、多变，因此，管理工作也必须在变动改革中前进。改革的意义就在于调整关系，解决矛盾，克服弊端，增加适应新形势的能力。思想政治教育工作必须有促进改革的能力。

贯彻这条原则，就必须做到以下三点：

1. 明确目标，立志改革

当代科学技术发展异常迅速，知识扩展更新十分惊人。作为传授知识、创造知识的学校，要在急剧变化的社会、政治、经济、科学、技术条件下，保持经常处于科学技术前沿阵地的地位，就必须立志改革，使思想政治教育工作与国家的政治经济发展相适应，保持教育与科学、生产的紧密联系。

2. 分析新情况、解决新问题

动态原则要求用动态观点观察、处理问题。事物的发展总是从量变到质变，社会生产在发展，科学技术在发展，思想政治教育工作的主客观因素也不断地发展，这就必然会在管理过程中出现许多新情况、新问题，要求思想政治教育工作者经常深入调查研究，及时获取反馈信息，做出准确的判断和决策，采取有效的措施加以解决。

3. 保持管理工作的连续性和相对稳定性

动态性原则并不排斥相对稳定的特质。管理工作的发展，管理质量的提高，都要求有一个连贯的过程，以利于管理经验的积累和管理人才的成长。

（五）抓住本质的教育性原则

思想政治教育工作是为实现教育目标和任务服务的，它的中心工作是对人的指导，尤其是对学生的指导。学校是管理机构，又是教育机构，甚至首先是教育机构。管理活动本身也是一种教育手段，管理者同时是教育者。教育性原则就是要求的每项工作、每个活动、各种设施都要对学生起到教育的作用，要求学校的每位教职工都要对学生的全面成长和发展尽到教育的责任。

教育性原则是由学校的特点和根本任务决定的，反映了学校管理工作与教育工作具有本质联系的客观规律。学校是培养人、教育人的场所，学生的可塑性大，模仿性强，所有的全体工作人员，全部工作和整个环境，每时每刻都在影响学生，可以说，事事、处处都有教育。思想政治教育工作者要努力使管理工作与教育工作密切结合起来，并创造一切可能的条件，把学校办成社会主义精神文明的规范性阵地。

贯彻教育性原则，要求做到以下三点：

1. 管理措施和方法的教育性

思想政治教育工作的目的是实现培养目标，这就要求管理工作符合教育规律，适应青少年身心发展的特点。思想政治教育工作的一切措施、方法和活动，都要把“育人”放在首位，凡是不利于教育，损害青少年身心健康的做法都应制止。其中，要十分重视规章制度建设。

2. 管理者言行的教育性

榜样的力量是无穷的。学校全体教职员工的言行，时刻对学生起着潜移默化的影响。率先垂范是管理者的风范，为人师表是教育者的职业要求，管理者的人格力量是管理成功的奥秘所在。因此，领导要为师生做出榜样。学校要重视职业道德教育，开展为人师表的活动，要求每个管理者管理育人，每个教师教书育人，每个职工服务育人。全体教职工都应立足自己的工作岗位，加强对学生的思想品德教育。

3. 学校环境的教育性

思想政治教育工作者要注意学校各种设施和环境的规范性，努力形成有利于学生成长的物质和精神环境。物质环境主要是进行净化和美化。精神环境是环境优化的核心，其实质是形成积极向上的良好校风、院风和班风。

一方面，学校管理者要正确认识和自觉利用道德环境先入为主的规律，积极加强与社会和家庭的密切联系，密切关注学校外部道德的变化，及时了解并预测可能对的影响情况，共同防范消极因素的先入为主，争取积极因素成为先入的居主导地位的影响，从而变被动为主动。

另一方面，学校管理者要把德育影响渗透到其他教育和学校的各项工作之中。切实做好教书育人、管理育人、服务育人、环境育人，真正形成良好的校园环境。

（六）增强活力的有效性原则

追求效益是管理的根本特征，有效性原则是管理科学化的根本要求。社会主义现代化建设要求学校多出人才，出好人才。所谓有效性原则，是指思想政治教育工作要在正确目标的指导下，合理地利用人力、财力、物力等资源，使有限的资源充分发挥作用，高质量、高效益地实现培养目标，完成教育的任务。

教育是一种投资，即智力投资，因而思想政治教育工作也就不能不顾及“产出”，不能不讲究效率与效益。在我国经济由高速增长转变为高质量发展的情况下，思想政治教育工作也要转变观念，充分发挥有限资源的作用，争创一流学校、一流学科，培养高水平人才。凡事讲求效率、效益，应成为思想政治教育工作的重要指导思想。

贯彻有效性原则，要求做到以下三点：

1. 树立正确的质量观，注意人才、成果的社会接受性

衡量学校效益的根本标准是育人的数量和质量。最终“产出”主要是培养的人才及科

学研究的成果，如果人才为社会所欢迎，成果为社会所应用，那么这种“产出”就是有价值的。因此，为了实现学校工作的价值，学校应重视提高人才、科研成果的社会接受性。提高学校管理工作效益的关键是使培养的人才为社会所接受，使人才的数量与规格与社会对人才的实际需求相适应。在社会主义市场经济体制下，尤其要重视树立正确的人才观、质量观，关注社会发展的需要，注意人才及科研成果的社会接受性。

2. 知人善任，充分发挥人才的作用

人是最宝贵的财富，人才是效益之源。人才浪费是最大的浪费。思想政治教育工作必须努力提高用人的效益，即在用人方面注意“质”和“量”两个方面都跟学校的实际需要相适应。“质”的适应，是指把合适的人安排在合适的岗位上；“量”的适应，是要求办事人与所办的工作量相适应。从我国思想政治教育工作实际看，这两个方面的问题都很突出。

要提高学校管理的社会效益，学校领导者必须掌握用人的艺术。用人的关键是知人善任，用人所长。知人是善任的前提，管理者要掌握每个人的德、识、才、学、体及其长处和短处，为有效使用人才奠定基础。善任要做到事得其人，人得其所，各司其职，各尽其能。优秀的管理者不仅要发挥下级的长处，还要发挥自己的长处和了解上司的长处。上司也是人，有其短，必有其长。因此，应该是着眼人之所长，用人所长，充分发挥人的强项，以达到扬长避短、提高管理效益的目的。

3. 提高时间、信息的利用率

现代学校管理者应善于分清工作的主次与轻重缓急，分清日常工作中哪些最重要、最紧迫，哪些必须亲自做，哪些可以交由他人去做等。

按照工作的优先次序，产生了一种“三层优化序三角图”的分析方法，如图2-1①所示：

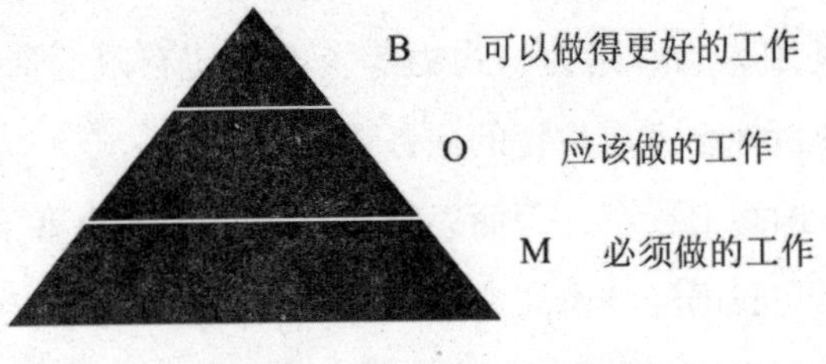

图2-1　三层优化序三角图

在M（Must）、O（Ought）、B（Better）三类工作中，M完全没有弹性，是必须做的工作，它要求管理者首先去做；O、B则有一定弹性，而B比O更富有弹性。

① 尹婷婷，张静，杨素祯．新媒体时代学校思想政治教育创新探究［M］．北京：研究出版社，2019：105.

三层优化序分析方法要求管理者在做好 M 以后再去考虑如何做 O，在做好 O 以后再考虑 B。经常进行这种分析，久而久之，便成为习惯，可以自动进行了。提高时间的利用率，还必须研究会议的管理，还要求有健全的组织机构、明确的规章制度、畅通的信息沟通渠道等，从而保证工作有条不紊，提高管理工作效益。

此外，还要提高信息资源的利用率。信息作为一种特殊的资源，具有反复使用而不致损耗的特点。信息又具有时效性，特定的信息若得不到及时应用，则过时失效，也造成浪费。因此，建立畅通的信息渠道，使信息的传递反馈及时、准确，是有效管理的重要标志。思想政治工作者要善于疏通各种信息渠道，使领导者之间、领导与教师之间、师生之间经常沟通，相互配合默契。广泛及时地向有关部门和师生员工提供信息，使信息流到需要它的人手中。

决策指挥的正确性是提高思想政治教育工作效率和效益的关键。决策指挥的错误将导致全局性损失。贯彻有效性原则，要求管理人员重视决策科学，决定任何问题都要严肃估量其可能产生的效率和效益。

（七）强化职责的责任制原则

所谓责任制，就是各项工作由专人负责，先明确规定职责范围进行管理的制度。实行责任制，是科学管理的重要内容，又是一条独立的管理原则。因为任何工作都是靠人做的，如何处理人与事的关系，就成为影响思想政治工作全局的本质关系。

责任制原则的实质是在思想政治工作中使人事相宜，职责相称，权利与义务相统一，工作绩效与工作报酬相关联。责任制是管理体制中最重要的部分。从某种意义上说，没有责任制，就没有管理。如果分工不明、职责不清、劳逸不均、赏罚不分，干与不干、干多干少、干好干坏一个样，不实行责任制，就谈不上改革管理体制，就不可能有思想政治教育工作的高效益。

贯彻责任制原则，要求做到以下三点：

1. 有合理的分工

没有分工，就没有责任制。从一个部门来说，要将整个工作分解成若干基本部分，然后分给每个工作人员，做到事事有人管。科学管理要启发人们的自觉性，但不能仅凭人们的自觉性。否则，有些人不自觉就没有办法，即使想解决，也没有标准。当然，分工不是分家，分工还必须协作。管理者的任务就是在分工的基础上组织有效的协作。

2. 有明确的职责

分工以后，职责范围不明确也不行，因此，应该制定各类人员的工作职责，如《党总支书记的职责》《专职辅导员的职责》《教师职责》《导师职责》《职工的职责》等。凡属职责范围内的事，工作人员要有职、有权，并且必须“完全负责”。

3. 有规范要求和及时的考核

明确职责以后，各项工作还要有规范要求。这些要求既要有定性的，也要有定量的。考核分年度考核和学期考核。考核有个人述职、群众评议、划格等步骤。考核等级有优秀、合格、基本合格、不合格等级。考核就是对工作人员的成绩给予评定，要保证考核标准客观公正，考核方法切实可行，并把考核结果载入业务档案，作为评定职称与晋级的根据。

“考核方式由单维度结业考核向多节点考核延展。思想政治理论课教学考核不仅是评价学生思想政治理论课程学习成效的重要手段，也是评价教师教学效果的重要手段。其本质是评价学生思想政治理论水平和综合素养、教师教书育人成效。”①

（八）勇于开拓进取的循序创新原则

循序、创新是一个问题的两个方面。循序，即根据事物运动规律建立相对稳定的秩序。循序是为了不断创新发展，而创新发展必须建立一定的秩序，按照事物运动过程的规律（程序）办事。只有创新发展才能建立更高层次的稳定。所谓循序创新原则，是指思想政治教育工作要在遵循教育工作的秩序性和常规性的基础上，不断开拓前进，不断有所进展。既不能急于求成，又不能因循守旧；既要循序渐进，又要不断创新。工作特点反映了事物发展质量互变的规律。

十年树木，百年树人。培养人才是一项周期性较长的工作。对学校来讲，大量的工作是常规性的管理。但是，工作要适应新时代发展的需要，还必须有创造性，特别是当前，不论是教育教学，还是管理工作，都面临许多重大的改革问题，需要新的实验和探索，创造性就显得很重要了。

贯彻循序创新的原则，要求做到以下三点：

1. 建立相对稳定的管理秩序

无规矩不成方圆。学校的教育工作和管理工作都是有秩序性的，必须建立稳定的工作秩序。没有稳定的工作秩序和没有科学的常规一样，是做不好思想政治工作的，创造性更是空谈。要保证工作的稳定秩序，就必须使整个管理活动按思想政治教育工作的基本秩序有序地展开，形成一个从计划、执行到检查、总结的有反馈的控制过程。要保证整体工作的稳定性，就必须有统一的计划和统一的指挥；同时，思想政治教育工作队伍

① 刘东燕．构建全员育人的思想政治教育格局［J］．中国高等教育，2018（05）：42.

的稳定、各项规章制度的相对稳定、教学计划和教材的相对稳定等，都是秩序稳定必不可少的条件。

2. *有强烈的事业心和创新进取精神*

工作上的创造性，是积极性的最高体现。稳定的管理秩序是相对的。与任何客观事物一样，只有在不断运动的过程中，才能保持平衡和稳定。思想政治教育工作者应具有求新和改革的意识，应经常吸取国内外先进的管理经验和思想，并通过管理实践，内化为自己的教育思想和管理思想。思想政治教育工作者不仅要想学生之所想，而且要先学生之所想，成为先进思想，特别是先进教育思想和管理思想的代表。思想政治教育工作者应该今天想到明天、后天，以至将来，并为明天、后天和将来打好基础。还应该引导教职工从日常工作中看到前进的步伐，意识到工作的变化和发展，使大家受到鼓舞和增强进取心。领导和师生掌握了先进的思想，管理才有动力，行为才有方向，才能保持队伍的旺盛士气。旺盛士气下的思想政治教育工作，能够形成并保持真正的稳定秩序。

3. *鼓励创新并形成有关政策制度*

思想政治教育工作者对各项工作特别是教学工作，要提出“创造性”要求，鼓励员工创造、革新。特别是当前面临改革的形势，领导者更要有敏锐的洞察力，善于把握教育和教学改革发展趋向。要努力形成一个人人搞改革、个个争先进、事事求创新的良好的管理环境。

第二节 新媒体时代思想政治教育的基本理念

对思想政治教育的理念研究，是加强教育理论研究的针对性、系统性和创新性的需要。从思想政治教育的对象来说，针对思想特点和客观环境变化的实际开展工作，是思想政治工作取得实效的前提。从思想政治教育的内在要求看，思想政治教育不是一项孤立的工作，它包含方方面面的内容，受到诸多因素的影响，如果不用系统的观点做工作，是很难发挥思想政治教育作用的。从思想政治教育的发展来看，创新性是思想政治工作的生机所在，随着形势的不断发展变化，将对思想政治工作不断提出新的、更高的要求。求得实效是开展思想政治教育的最终目标，是衡量思想政治工作成功与否的关键。只有适应新的形势和任务的需要，不断创新教育理念，与时代的脉搏一起跳动，不断增强思想政治工作的针对性、系统性和创新性，思想政治教育才能具有强大的生机与活力，发挥更大的作用。

一、教育理念的内涵和作用

（一）教育理念的内涵

教育理念就是人们在理性思考和亲身体验基础上形成的关于教育事务本身及其价值和价值实现途径的、坚定不移的、根本性的判断与看法。关于教育事务本身的看法，主要是说明教育事务的本质、功能和发展规律究竟应当是什么。首先，从本质上讲，教育理念就是人们对教育事务的一种判断和看法；其次，教育理念是确信无疑的判断与看法，具有坚定性，对其他相关的认识与看法具有很大的影响力，并且愿意为了实现这一理念而采取行动；再次，教育理念是在理性思考与亲身体验的基础上形成的，离开了自己的理性思考和亲身体验，就不可能形成真正的理念；最后，教育理念既指向教育事务的本身，又指向教育事务的价值和价值实现的途径。

广大思想政治教育工作者的教育理念在很大程度上都是在学习与借鉴科学理念基础上，经过消化吸收形成自己特色的、改造发展的思想意识。按照理念指向的对象可以分为三个层次的教育理念：①关于教育事务的本质、目的、角色、功能与价值等方面的教育理念；②关于教育教学方法、管理方法、学习方法和课程等操作层次的教育理念；③关于如何评价工作绩效和教育教学质量等方面的教育理念。不同层次的教育理念所起的指导作用不一样，广大思想政治教育工作者感兴趣的往往是操作层次的，特别是思想政治教育方法方面的教育理念，对其他方面的理念重视不够，离开了对教育等基本问题的深入思考和研究，只停留在操作层面上，那么，获得的理念往往是表面的或是缺乏创造性的。广大思想政治教育工作者必须深刻理解科学教育理念的内涵，只有在思想上真正认同“教育是帮助学生有效学习和更好成长的过程”这一理论，才能在教育方法上确立起“少讲多行”的教育新理念。

（二）教育理念的作用

教育理念的作用是多方面的，最主要的有以下五个方面作用：

第一，在感染中激励。理念是坚信不疑的判断和看法，其中不仅蕴含着人们的理性智慧，还凝聚着人们的情感、热情、爱情，还有激情。所有这些情感能感染和激励人们去为理念而奋斗。

第二，在破立中创新。在某种程度上，教育理念也是一种创意或新的教育观点。不论是寻求理念的过程，还是理念确立后的行动都能引导人们破旧立新，去追求更真、更善、更美的结论，追求更高的价值和更有效的手段。

第三，在约束中指导。教育理念是人们教育言行的指南，它约束着人们不做与理念不符的行为，指导着人们去做与理念相符的事情，它能将人的智慧与精力集中于理念所指向的方向。正因如此，先进教育理念才能有效推进教育教学改革，切实实施素质教育。

第四，在浓缩中代表。教育理念是一个人教育观点和教育经验的浓缩与代表，也是一种教育理论和教育思想的代表。

第五，在实践中总结。在寻求理念、形成理念的过程中，人们会有意无意地总结人类历史上的教育经验和自己的亲身实践。这种总结能够促进人们对教育问题和教育规律的理解与把握，增强人们的教育思维能力，特别是反思的意识与能力。教育理念往往就是对优秀教育经验特别是自己成功经验的高度概括和系统化。

二、新媒体时代思想政治教育的理念

（一）以人为本理念

“‘以人为本’的观念在我国的发展经历了曲折的历程，直到改革开放之后，一些理论工作者才开始探讨‘以人为本’的理论合理性和现实必要性。到了21世纪，‘以人为本’的观念终于融入了中国共产党的主流意识形态，成为中国共产党改革政策的重要理论基础。从此，‘以人为本’成为指导我国现实工作的实践命题，同时也成为我国思想政治教育的指导思想。”①

以人为本是科学发展观的核心，也是思想政治教育为了顺应时代的发展而在教学实践活动中必须贯彻的一种崭新观念。将这一观念引入思想政治教育中，不仅很好地体现了科学化、现代化的发展观念，而且体现了思想政治教育的本质要求。这一观念的贯彻对全面发展人才的培养有着关键性的作用和意义。

1. 坚持育人首位

学校的根本任务是培养人。学校是传承文化的地方，最核心问题是价值判断和价值思考。学校目前存在的主要问题就是价值思考的缺失，价值观发生扭曲。

育人意识淡化，把人才培养与科学研究、社会服务对立起来，带来的后果就是人才培养的基础越来越缺乏竞争力，学校文化越来越缺乏传承，到研究生阶段会发现学生的创新能力因基础没有打牢而受到很大影响。

把育人放在首位，把人才培养放在首位，思想政治教育要以育人为中心，资源配置、

① 项久雨．以人为本：思想政治教育主客体关系的马克思主义人学之维［J］．教学与研究，2016（02）：31.

基本建设、教师评价、岗位聘任、文化建设，都要体现育人的首位思想。

2. 坚持学生中心

“以学生为中心”的教育思想源于古希腊，其核心价值观点是：教育就是鼓励教师引导每个学生去发现存在于自己身上的真理，领悟美与善的真谛，最终促成学生的个性素养达至完善。具体来说，坚持“以学生为中心”的理念，就是要求学校教育能够为每个具有个性天赋的学生提供个性化生长的优质教育平台，让每个学生都能在释放和张扬自身个性的基础上，主动地、快乐地投入知识的探索、思考与学习中，不断建构知识的基础和发展各种素养及能力。

3. 坚持终身发展

关心每一个学生的个体发展，公平惠及所有学生，促进学生个体发展，培养学生成为优秀人才。终身发展的目标体现了教育面向学生个体与面向学生群体的高度统一，体现了对学生眼前负责与对学生终身发展负责的高度统一，体现了对学生负责和对社会负责的高度统一。

4. 坚持学生主体

学生是权利主体。要把学生看作教育法律关系中的权利主体，把教育同尊重学生的知情权、参与权、表达权和监督权有机结合起来，提高学生主体意识和责任意识。

学生是行为主体。要把学生看作能动的、有创造力的行为主体，把外在引导与学生内在需求有机结合起来，充分发掘学生的创造潜能。

学生是生命主体。要把学生看作有血有肉、有情有欲、有生命尊严的生命主体，把知识传授与健康人格教育有机结合起来，帮助学生认识生命、珍惜生命、尊重生命、热爱生命。教育要唤醒学生的生命意识，捍卫生命的尊严，激发生命的潜能，提升生命的品质，实现生命的价值。

学生是发展主体。要把学生看作自主发展的主体，把学生成长成才与发展个性有机结合起来，真正以个性为主体构建人才培养模式。

5. 坚持热爱学生

爱是教育的出发点和真谛，没有爱就没有教育，一个人没有一颗爱学生的心，就不适合当老师，更不可能成为一名好老师。师爱有三个层次：①师爱是全面的，不仅要关心学生身心健康，更要关心学生知识、能力、人格的全面协调发展；②师爱是包容的，既要鼓励学生的成长进步，也要包容学生的调皮、幼稚、个性和暂时的落后；③师爱也是严格的，对学生的学习、为人和做事要严格要求，精心教导，循循善诱，这同样也是对学生的爱。

6. 坚持引导服务

在引导中融入要求，在活动中蕴含教育，在管理中体现导向，在服务中潜移默化，建立健全学生服务体系：一是学业发展服务体系，帮助学生制订学习计划，学会自主学习、有效学习；二是就业指导服务体系，帮助学生做好就业准备；三是心理咨询服务体系，帮助学生保持良好心态、健全人格；四是困难资助服务体系，帮助经济困难学生完成学业；五是素质拓展服务体系，帮助学生发掘自身潜能，提高综合素质；六是思想政治教育服务体系，帮助学生解决思想问题和实际问题。

坚持引导服务，从学生内在需求出发，从学生的具体事务出发，注重管理和服务并举。要面向每个学生，尊重、关心、教育、引导好每个学生，最大限度满足每个学生成长成才的需要；更多地向教导型、服务型转变，激发学生内在动力，为其成长成才创造有利条件；要把握学生在学习、生活中不同层次、不同方面的合理需要，实现服务最优化。

（二）开放育人理念

1. “开放发展”的育人内涵

在知识经济时代的大环境下，教育的社会服务功能越来越凸显出其重要地位。开放育人的环境具体是指学校同社会的协调发展和联动发展，并持续不断地提升教育的育人质量，从而更好地实现学校功能地位的提升。

在思想政治教育中，秉持开放育人的观念也是不断提升教育育人质量，实现教育现代化的战略性选择。从狭义层面来看，“开放”是指在具体办学的过程中保持面向世界、有国际化的视野和办学举措。从广义层面来看，需要在育人的过程中打破传统教育的束缚和枷锁，即实现内部的开放、本国校际联系、本国同外国的联系以及高等教育同社会其他子系统间的联系。具体而言，学校教育在育人观念、内容、方式、环境等各个方面都应坚持开放性这一观念，规避育人中的单一性、封闭性、简单化等。

2. 开放育人理念的具体表现

开放性理念具体是指，当代思想政治教育方法论的发展中需要充分认识思想政治教育与社会环境、时代背景以及其他学科理论的相关联系和作用，并能以辩证的眼光处理它们之间的关系，从而来促使其理论的丰富和准则的完善。开放性理念也是思想政治教育中应坚持的重要准则。任何一门学科理论都具有相对性，并处于不断发展的状态。在认识层面，承认真理的相对性和认识的无限性，在逻辑范畴和理论体系层面则表现为开放性。

开放育人的教育观念是思想政治教育中方法论发展的应有之义，具体涉及以下层面：

（1）开放育人的教育观点是根据思想政治教育实践发展的时代背景和社会环境的发展

而发展的，并持续不断地增添新的与时代变化和社会发展相适合的方法理论和形态。

（2）思想政治教育方法理论应随自然科学和其他社会科学方法论的发展而发展，新理论、新方法也应被借鉴和吸收到当代思想政治教育方法理论之中，过时的理论、方法将会被淘汰。

（3）当代思想政治教育方法论的理论体系、形态应随着理论研究的不断深入而丰富完善。

3. 思想政治教育构建开放育人观念的途径

（1）确立开放的思想政治教育观念。当前，以全球化为主要特征和必然趋势，在全球化的形式和大背景下，思想政治教育环境、内容方面的开放性日益凸显，因而应加强对学生进行开放性的思想政治教育。要将开放育人的观念更好地贯穿思想政治教育工作中，应将观念的开放性和人际关系的开放性作为开放育人的基础。

在开放式条件的大环境下，思想政治教育同社会环境间的界限逐渐模糊，社会中的各种思潮都或多或少地在学生身上有着不同程度的反映和体现，这就使思想政治教育的实效性处于经受实践选择和检验的状态，同社会间的关系也处于共生、互动的新格局中。社会化的出现，对学生的生活方式、交际方式、价值取向、社会方式等也产生了广泛且深远的影响，并使人的思想具有多元化的特点。那么，如何处理好学生思想的多元化同社会主义意识形态的主导性间的尖锐矛盾就是当务之急。

在开放式条件的大环境下，思想政治教育应从人的实际出发，坚持主导性与多元性的有机统一。如果只讲主导性而忽略了多元性，会使人的思想政治教育脱离实际或流于形式，阻碍主导性的发挥和实现。如果只讲多元性而忽视主导性，会使人的思想政治教育与其正确的发展方向相背离。

（2）改革并创新思想政治教育的内容和方法。将开放育人的观念贯彻于思想政治教育工作中，还应对思想政治教育的内容、方法进行改革和创新。具体可从以下三个方面着手：

第一，思想政治教育应强化对创新意识、创业意识的培养。在知识经济社会的大环境下，经济和科技的竞争不仅表现为人才数量和结构方面的竞争，还表现在人才的创新精神以及创造能力方面的竞争。将当代学生培养成为兼具创造能力和创造性思想的人才，不仅是人才培养的目标和方向，而且是我国教育改革和发展的重点和方向。

第二，思想政治教育应对学生的自我教育、自我管理以及自我发展的意识给予足够的强化和重视。在开放式的条件和形势下，面临着一个以前任何时代都没有的、复杂的社会环境，如高等教育大众化、信息来源多样化、学生就业机制改革等。在这种复杂的形势下，要想做好思想政治教育工作就要综合考虑各个方面的因素，如将教书和育人相结合、将政治理论与社会实践相结合，只有对各种因素进行全方位的综合考虑，才能对学生给予更好地引导，使其不至于在复杂的社会环境中迷失方向。

第三，思想政治教育还应与市场经济条件下家庭情况分化这一特点相适应，应对以特困生为代表的特殊学生群体给予充分的关注，积极探索建立家庭联系沟通机制，使学生家长和学校形成通力配合的关系，以此来促进思想政治教育水平的提高。

（三）全面发展理念

思想政治教育是做人的工作，人是思想政治教育的出发点和落脚点。正确认识和梳理人的全面发展的科学内涵，是推动实现当代全面发展的基本前提。

1. 全面发展理论的内涵

人的一般本质是劳动，即实践；人的社会本质是一切社会关系的总和；人的终极追求是人的需要（物质需要、精神需要）的实现与满足。人既是类本质的存在物，也是社会的存在物，同时是自然属性、社会属性和精神属性的统一体。从人的本质规定性视角发掘人的全面发展的深刻内涵，关于人的全面发展具有这些规定性：当人作为类存在物时，人的全面发展是指人的劳动活动的全面发展，追求人的能力全面提升；当人作为社会存在物时，人的全面发展是指社会关系的丰富，追求社会关系的全面占有与共同控制；当人作为完整的个体的人时，人的全面发展是指人的个性自由发展，追求人的素质全面提高与潜能开发。这些规定性的具体含义如下：

人的全面发展是指劳动能力的逐步提高。劳动这种生命活动、这种生产生活本身对人来说不过是满足他的需要即维持肉体生存的需要的手段。而生产生活就是类生活。这是产生生命的生活。一个种的全部特性、种的类特性就在于生命活动的性质，而人的类特性恰恰就是自由的有意识的活动。生活本身仅仅成为生活的手段。由此可以看出，人的类特性就在于自由自觉性。劳动作为人的根本实践活动，创造了人，也造就了人的类本质。因此，劳动能力的强弱和劳动水平的高低，直接决定并且反映着人的自由自觉性的发展程度，劳动能力的全面发展，成为人的自由全面发展的根本。

人的全面发展是指人的社会关系的不断丰富。人的本质属性是社会性，人是处于社会关系中的人，人的发展与其社会关系紧密相连。人的本质不是单个人所固有的抽象物，在其现实性上，它是一切社会关系的总和。人总是社会的人，总是在一定的社会关系中生存和发展。任何一个人能力的形成、发展和完善，都离不开特定的社会关系。人的社会关系的发展，是个人形成的社会关系日益普遍化、全面化的过程。每个人都有自己的社会圈，每个人每天都在同他人交往着，只有在同他人交往的过程中，人才能发展，所以说，个人的发展通常取决于与他发生交往的人。一个人的社会交往程度越高，社会关系越丰富，他的视野就会越开阔，获取的信息、知识、技能、经验就越多，能力的发展就越快，进步就越全面、越迅速。

人的全面发展是指人的独立个性的自由发展。从关于人的发展的三个阶段来看：第一个阶段，是人对人的依赖，人的个性被湮没在依赖性的畸形人际关系之中；第二个阶段，在对物的依赖的基础上人的独立性有所发展，人的个性有所表现；只有到了第三个阶段，即自由个性的阶段，生产力高度发展，社会财富极大丰富，人们才注重追求个性的自由发展。这一阶段也被称为“自由人的联合体”阶段。人的个性的自由发展程度，是人的全面发展的综合表现。人的全面发展，以人的个性的自由全面发展为基点，而人的个性的自由全面发展的程度，代表了人的全面发展的优劣。

2. **实现全面发展的路径**

在思想政治教育中关注人的全面发展，就是按照关于人的全面发展理论的要求，认真把思想政治教育与人的发展相结合，尊重他们的自由发展权利，促进他们的主体性更好发挥。依据个体差异性，选择恰当的教育内容、切实的教育方法、合理的教育进程等，是促进在思想政治教育过程完善自我的必然要求。在新的历史条件下，思想政治教育必须以人的全面发展为根本目标，深入进行素质教育，以提升人的思想道德素质为核心，全面培养他们的综合素质和能力，使他们学会做人、学会学习、学会做事；大力培育人的人文精神和科学精神，积极营造他们求真、向善、达美的良好氛围；积极推进通识教育，密切关注人的精神世界的建构，促进人的精神生活质量的逐步提升。

（1）深入进行素质教育，推进综合素质的全面发展。素质教育是以促进人的德智体美劳等全面发展为根本目标，培养和造就具有独立性、自主性、实践性、能动性和创造性等优良品格的个体的一种育人模式。素质教育能够为人的全面发展提供主体基础、物质基础和强大的精神动力。思想政治教育要秉承素质教育的理念，深入细致地开展素质教育，着重加强做人的教育、做学问的教育和做事的教育，真正地增强学生的学习能力和实践动手能力。

当前条件下，科学技术高度综合，学科交叉日渐明朗，从客观上要求综合素质和创新能力的增强。据此，国际21世纪教育委员会提出了未来教育的四个支柱，即学会认知、学会做事、学会共同生活和学会生存。思想政治教育要以深入进行素质教育为契机，以提升人的思想道德素质为核心，全面推动综合素质与创新能力的逐步提升。青年是未来社会的主人，必须按照社会发展对未来人才的要求来指导自己，前瞻性地提升自我的综合创新能力，培养未来社会所需要的多方面的素质。

（2）积极推进通识教育，注重精神世界的科学建构。在新的历史条件下，随着人们物质生活水平的提高，人们的精神生活需要日益凸显。从国际背景来看，各种文化相互激荡，文化多样化、价值冲突、伦理道德标准的不一致、生活方式的多样化等充斥着人们的头脑，网络信息大量涌入。从国内形势来看，改革开放以来，我国社会经济成分、组织形式、就业方式、利益关系和分配方式日益多样化，人们思想活动的独立性、选择性、多变性和差异性日益增强。归结到一点，就是部分人的精神世界出了问题，精神空虚、信仰危机、道德滑坡等，都在向人们昭示着一个道理：精神世界和生命价值意义世界的建构对于一个人的成长具有更为重要的意义，关注人的精神世界与促进人的全面发展具有内在相关性。

人的精神世界是人独特的生存方式，关注人的精神世界是世界历史发展的趋势，是现实社会的呼唤，只有消除人的精神世界的痛苦和困惑，才能更好地推进人的全面发展。思想政治教育要贯彻通识教育的基本理念，特别要关注新的历史条件下精神生活的发展趋势和最大限度地满足他们的精神生活需要，帮助他们积极构建充实的精神家园，明确人生的意义和价值，为实现其全面发展提供精神动力、智力支持和思想保障。通识教育思潮与通识教育实践产生和发展的一个极其重要的原因就在于对学生个体内在精神世界和生命价值意义世界的关注。通识教育强调基本知识、基本价值和基本技能的掌握，强调通过打好人生持续发展的根基，借助唤醒人的精神世界的追求来形成自觉学习、终身学习、自我管理、自主创新的自我发展意识与自我发展精神。

（3）坚持科学精神和人文精神教育的统一，营造求真、向善、达美的良好氛围。人文精神和科学精神如车之两轮、鸟之双翼，须臾不可分。科学精神的本质是求真求实，人文精神的精髓是求善求美。从价值论上看，人文精神和理论又为科学技术的进步提供思想、理论的指导和航向；从本体论上讲，科学精神和技术为人文各学科的发展奠定了物质基础和现实依据。

思想政治教育需要使人文精神教育和科学精神教育融合且协调统一，主要关注以下两个方面：

一方面，强调人文精神教育的首位效应，把它置于深厚的社会文化背景之中，借以帮助其焕发内在的精神动力，借以帮助其应对心理问题；同时，要用目的理性和价值理性来导引工具理性和科学理性。思想政治教育应与学生的学习生活融合。学习就是学生的精神生活，就是学生的生命活动，就是学生的精神和道德的成长过程。而且，要融入美育和情感教育。

另一方面，要加强科学精神教育，使学生学会学习、学会生活。总之，思想政治教育要通过在学生中加强人文精神和科学精神的培育，积极营造求真、向善、达美的良好氛围。

第三节　新媒体时代思想政治教育的方法及创新

新媒体时代环境下，由于宏观环境与微观环境的变化，思想政治教育的对象呈现出新的特点，虽然教育的基本方法还在继续发挥着重要作用，但在实施过程中也面临一系列新的问题，对此思想政治教育的方法应不断得到创新、发展。

一、我国传统思想政治教育的方法

（一）施教法

施教法是针对教育者而言的，顾名思义就是教育者对受教育者进行思想政治教育的方法。在中国古代，思想家对思想政治教育是非常重视的，他们不仅将思想政治教育看作道德修养的方式，还看成治理国家的方略和维持人际关系的手段。因此，他们在不断的理论和实践中提出了一些施教的方法，具体包含以下内容：

1. 教学相长法

教学相长法就是要求教育者与受教育者之间是一种平等的师生关系，达到两者间的取长补短、相互尊重，同时能够共同进步、相互促进。教学相长法对教育者与受教育者之间的关系有一个全面的认识，但这一认识是以思想政治教育过程中的地位为基础的。孔子对教学相长是非常重视的。他鼓励自己的学生应该当仁不让于师，即学生自己能够担任重要角色，与教师不相上下。因此，师生间要不断切磋。

2. 循序渐进法

循序渐进法就是要求教育者从受教育者自身的道德认知和接受能力出发，由少到多、由浅入深地进行思想政治教育。众所周知，人的思想道德转化和发展往往是从量变到质变的过程，因此，循序渐进法是与人的思想认知转化与发展规律相符合的。同时，循序渐进法可以调动受教育者的积极性，从而获取绝佳的教育效果。

3. 启示引导法

启示引导法是教育者根据受教育者的爱好、兴趣等，对他们进行有效的启发，引导受教育者不断培养良好的思想品德。在长期的思想教育实践中，孔子认识到要想教育更加成功，教育者需要调动受教育者的兴趣，以人为本，发挥受教育者的主体作用，使他们逐渐培养自身独立思考、主动思考的能力。

4. 因材施教法

因材施教法是由于受教育者的才能、性格、特长、志趣等的不同，教育者应予以尊重和承认，并以这些差异为依据，对受教育者有针对性地输入教育，灵活地采取适合受教育者的教育方法。因材施教思想可以归结为以下两点：

（1）因材施教的前提是教育者应该注意到受教育者不同的才能、性格、特长、志趣等。但是教育者应如何注意呢，首先他们要对受教育者的所作所为进行检查，进而对他们所作所为背后的动机进行考察，从而整体上把握他们的个性特点。

（2）针对不同的受教育者，教育者应该实施不同的途径和方法。例如，针对同样的问题，应给予不同的回答。对于学生提出的同一问题，老师往往会根据提问者的个性、个体需要来作答。针对不同智力能力的受教育者，应该施行不同的教育方式。智力能力在中等以下的，教育者不应该将高深的学问灌输给他们；对于智力能力在中等以上的，教育者可以引导他们接触高深的学问。

5. 身教示范法

身教示范法要求教育者应该起到示范、以身作则的作用，通过自己的实际行动来体现教育的要求。这一教法是中国古代思想教育的特色。在思想政治教育上，身教要比言教重要得多。首先应该正自身，只有自身正了，他人才会服从。

6. 平等育人法

平等育人是主张所有人在受教育上都是平等的，教育者应该对所有的受教育者一视同仁。有教无类中的“类”就是要求对待教育者应没有类的差别，即不论地位尊卑、贫富贵贱、民族差异等，始终以平等的态度对待受教育者。而且不得不说的是，中国的平等育人教法在世界上处于领先地位，比世界上其他国家早了2000多年，这也是值得我们自豪的。

（二）内化法

内化法也可以称为自我教育，这是针对受教育者来说的。内化是指教育者应对教育对象的内在本性有基本的尊重，重视教育对象的内在需要，目的是激发教育对象的内在思悟与内在潜能，从而实现受教育者内在的自律。

1. 知荣明耻

从古至今，知荣明耻在人们的生活中一直是一个重要的道德问题。它属于一种情感意识，是人们在一定的善恶是非观的基础上产生的一种自觉求荣之心，是人们在对自身尊严珍惜和维护的意识上产生的。知荣明耻是一种基本的人格和德行。人们只有做到了这一点，才能使自己的道德意识得以觉醒，才能不断严格地要求自我，提升自我，完善自我。

2. 克己慎独

克己与慎独可以单独来理解。克己就是严格要求自己，对自己的言行能够加以约束和控制，使自己的言行与规范要求相符；慎独就是要求即使没有他人的监督，受教育者也能够按照社会规范自觉地行动与思考。一般来讲，人们能否自我修身，以及自我修身能达到怎样的程度，就是依据他们能否做到和坚持慎独。与克己相比，慎独的层次更高，而且对自觉性的要求更高。

3. 改过迁善

改过迁善就是指逐渐改正自己的过失、过错，从而不断完善自己的品格。众所周知，不是所有人都是圣贤，都有犯错的时候，而对于这些错误，人们需要不断认识和改正，只有这样才能提升自我、完善自我。而且，只有在不断地与过错做斗争的过程中，人们才能不断完善自我。

4. 自我反省

自我反省就是要求受教育者能够自我批评、自我认识、自我教育，使思想道德的提升成为受教育者的一种自我要求。

5. 一贯忠恕

一贯忠恕是指人们要从自己的内心体验出发来对别人的思想感受进行推测，从而实现推己及人的目的。换言之，就是要求受教育者应该严于律己，设身处地为他人着想。

6. 持志养气

持志养气就是指道德意志，一般道德意志分为两个层面：志向与意志。志向是指人们修养道德时的精神导向，是价值观、人生观的核心内容；意志是人们修养道德的精神支柱，是人们提升精神境界、攀登道德高峰的动力。

（三）默化法

默化是一种隐形的思想政治教育方法，其主要是通过外界环境等不断潜移默化地渗透到人们的生产、生活、精神之中。一般来说，默化法主要包含两点：风俗感化与礼制规化。

1. 风俗感化

风俗是指人们在一定社会群体或者地域形态中形成的一种习惯，是由一系列的习惯、准则、规矩等构成的影响人们日常生活行为的规范。其中包含群体长期形成的感情与经验。风俗感化是将统治者所倡导的规章制度、统治思想等转化成民俗，从而保证大众能够符合其统治思想的要求。在具体的运用上，这一思想主要包含以下两个层面：

（1）从人民大众的生活、生产、精神活动的需求出发，制定符合儒家思想的道德规范，在不断的实践中形成一种礼俗，如生产礼俗、节庆礼俗、消费礼俗、嫁娶礼俗等。这样，中国传统的社会主导思想道德就向民俗文化的方向转化。

（2）设置地方官专职教化，树立道德典范。秦汉时期，地方上就专门设置“三老”来主管教化事务，人们有着发现本地区的孝子贤孙、贞女义妇、让财救患、为民法式的责任。通过对这些人或者这些家族进行表彰来昭告天下，纷纷效仿，从而引导道德风尚。

2. 礼制规化

与风俗感化相比，礼制的手段更为直接，是对人们具体行为进行规范，一定程度上改变了人们的旧有思想，使人们不断创新自己的思想。礼制规化就是人们按照礼仪制度的规定来活动。这一方法的实际目的是使人们的思想道德达到统治者预期的效果。在我国古代时期，很多思想家都强调用礼制的观念来规化人们的行为，并且这一思想也得到了大众的认同。对此，封建社会的统治者设置了各种礼制来规范人们的行为，不同的行为都需要在规定的步骤和程序下进行，而这些制度一经树立就具有了规范性。因此，礼制规化具有强烈的权威性。

二、思想政治教育的方法创新与应用

方法是以客观规律为依据，在人的主观作用下产生的，其是主体把握客体的手段、方式以及途径的总和，充当了使主客体相关联、结合、统一的桥梁。不同于动物以有限的、不变的方式生存的状态，勤劳智慧的人类总是想方设法通过各种方法、工具、技术的革命而使得自身进入新的活动空间、体验新的生活方式，从而推动了人类历史的进程。

方法创新以人的活动方式等为对象，在旧有方法的基础上进行改革或是直接创造出新的方法，从而为事物的发展带来良善的改变。在实际生活中，人们往往只注重物化的、易观察的创新，而没有给予方法创新以充分的重视。根据实践可知，方法创新即人类不断发挥自身的主观能动性增强方法的工具性作用，突破自身的局限，提高各项水平，扩大人的认识世界的范围。

（一）以主体间性理论为核心，发展思想政治教育

主体间性的前提是人成为人，人成为主体，这样主体之间才能相互作用，形成联系。

若人不具有主体性，就谈不上主体间性。而“同构”是数学上的一个概念，指数学对象之间的一种映射，是这些对象之间存在的关系。发展以主体间性理论为核心的思想政治教育同构式方法就是要以“以人为本”为理念，将受教育者的主体地位放在首位，将其与思想政治教育的关系以映射理论进行分析。把握思想政治教育同构方法，就是秉持以人为本的理念，将学生放在思想政治教育因素的首位，并以此为出发点，构建思想政治教育系统发展。加强学生同构式发展的同时，要将思想政治教育目标和个体发展目标相融合，确保二者的一致性。此外，要不断创新思想政治教育内容，将思想政治教育的领域不断扩展，保持其新颖性。

在主体间性理论中，思想政治教育基地模式也很重要。在国际化视野下，要搭建跨文化平台，融合多种文化特色和视角，使学生能够接触到更多的文化元素；要构建新的主客体互动模式，充分发挥学生的主体性，开启师生之间互动模式，引导学生积极参与学习过程；还要积极引导教育者加强学习，紧跟时代发展，不断优化、创新自身“语言库”及“思维系统”，保持自身的发展，缩小与学生语言上的差距，使双方交流更加流畅。此外，随着新媒体的发展及网络平台的构建，通过网络进行思想政治教育已经成为一项重要方法。为了更好地利用这一渠道，师生都要提高自身信息素养，加强技术学习，充分利用网络平台进行沟通交流。

（二）以社会服务思想为引领，发展思想政治教育

社会工作一直在西方发展迅速，学校社会工作是其中一种模式，这种模式兴盛于20世纪的美国。这种模式以家庭教师访问形式为开端，经历了个案工作，之后逐渐制度化，最后形成于一种模式。这种模式具有学校课堂教学所难以取得的优势和效果，其突出作用主要表现为对特殊学生教育、对学生的深入了解等。我国部分学校也开始尝试运用这种模式进行思想政治教育。

提供服务，以实际的参与与实践来解决问题是这种模式的特征。这种模式与思想政治教育存在一致性，因社会实践一直是思想政治教育倡导的途径与方法，并且思想政治教育以服务学生为主要宗旨，这一点与社会工作的服务特性也存在一致性。运用社会工作模式，加强思想政治教育育人作用，是一种新的探索与尝试。

首先，将社会工作的服务理念引入思想政治教育中，以近距离、更贴心的服务，加强学生思想政治教育的服务意识。

其次，树立个体服务意识，将学生群体教育与个体教育结合起来，并专门针对学生个体开展工作。这就要求：一方面，思想政治教育工作者要充分分析学生的个体差异，找出具体教育方法，使每个人的个性得到尊重；另一方面，可借鉴社会工作中小组工作方法，

成立小组，以加强学生之间亲密关系的构建，通过小组的力量和团队的合作，共同解决难题，共同成长进步。常见的方法就是通过问题讨论、校外服务活动等方式，使大家在活动中加深对彼此的了解，通过相互学习和借鉴，学会彼此接纳和尊重，最终形成学生良好的个性特征。

最后，借鉴社会工作的个案工作方法，以解决学生遇到的实际问题。例如，通过访谈、网络交流、记录等方式缓解学生考前压力，帮助学生解决交往困难等问题，同时，社会工作中的一些心理治疗模式也可被引入思想政治教育中，如行为治疗模式、人本治疗模式等。

（三）以协同理论为借鉴，发展思想政治教育

协同理论主要强调系统的观点，强调系统要素之间彼此影响、相互作用的原理。而且各要素之间保持一种平衡、有序的关系，大系统的正常运转才能得到保障。大数据时代下的思想政治教育方法创新也是一个系统工程。大数据使各要素之间的作用更加复杂，更需要各要素的协同性和协调性。鉴于此，协同式方法也是思想政治教育创新的必然选择之一。

第一，思想政治教育要与其他学科充分融合，通过吸收其他学科有益的方法，突破自身方法的封闭性，使各学科方法不断渗透，彼此融合，使思想政治教育方法更加具有创新性和发展性。

第二，思想政治教育方法要向立体化、全方位发展。在我国，思想政治教育存在“5+2=0”的效应，即学校 5 天的正面教育会被学生两天的社会负面教育抵消。所以，思想政治教育要形成合力，除要进行思想政治教育外，还要加强家庭、社会教育，最终形成以学校教育为主导，以家庭教育为主托，以社会教育为主线的格局，在思想政治教育中，还要将相关学科的专家，如心理学、社会学等方面的专家、学者，纳入思想政治教育的队伍中，以提高思想政治教育的实效性。

第三章
新媒体时代思想政治教育的话语变革

第一节　新媒体时代思想政治教育话语的特征与功能

一、新媒体时代思想政治教育话语的内涵

（一）话语的内涵

话语是一个棘手的概念，这在很大程度上是因为存在如此之多的相互冲突和重叠的定义，它们来自各种理论的和学科的立场。在语言学中，话语有时用来指口头对话的延伸部分，以便与书写文本对照。从目前来看，尽管对话语没有统一的定义，对于话语的解读大体有以下观点：

第一，言语说。把语言符号和规则的具体运用的日常话语称为言语，而话语则是连接的言语或者社会文化语境中的一种语言使用形式。

第二，内容（形式）说。此说认为话语更重要的是其内容及其表现形式，称话语包括语言使用、思想传递和社会情景的交际三个方面的内容，或者说话语就是具体的某个会话或某篇文章。

第三，互动说。此说认为话语是社会文化语境下的互动过程的产物或者是一种交际事件或言语交际活动。尽管对话语的界定有多种说法，但其共同之处在于认可话语在某种程度上是一种工具性的独立体系。

（二）思想政治教育话语的内涵

目前，国内对思想政治教育话语的定义有不同的观点，大体有以下三种：

第一，思想政治教育话语，是思想政治教育活动主体在思想政治教育实践中通过一定

方式表达出来的指向一定思想政治教育目的的话语。思想政治教育话语是思想政治教育得以实施的中介，是思想政治教育活动得以完成的必要手段，是影响思想政治教育有效性的重要因素。同时还指出了思想政治教育话语的三个特征，即思想承载性、主体主导性和内容契合性。

第二，思想政治教育话语，是思想政治教育活动主体在思想政治教育实践中以口头或书面方式表达，并指向一定思想政治教育目的的话语，提出思想政治教育话语有控制式、劝导式和对话式三种形式，并逐渐从控制式和劝导式转向对话式，突出思想政治教育话语的人文关怀和以人为本的宗旨。

第三，思想政治教育话语，是指在一定社会主导意识形态支配下，遵循一定的话语规范、规则和规律，并在特定的话语语境里，思想政治教育活动过程中的教育者和受教育者用来交往、宣传、灌输、说服，以及描述、解释、评价、建构思想政治教育内容和主体间思想观念、价值取向和行为表征的言语符号系统。

（三）对新媒体时代思想政治教育话语的新定义

基于新媒体时代思想政治教育的形式、内容等诸多方面均已发生了重大变化。新媒体时代思想政治教育话语是指思想政治教育活动主体运用新媒体技术，以跨界思维为逻辑起点，通过多形式、多模态的信息传播而展开的沟通活动，包括说话人、受话人、文本、沟通、语境等要素，以达到指向一定思想政治教育目的的言语符号系统。从定义来看，其内涵体现了以下三方面：

第一，新媒体时代思想政治教育话语，已超越了作为社会符号的语言。传统意义上的话语，可以理解为是一种社会符号的语言，而在新媒体时代，话语已超越了作为社会符号的语言，成为使用两种或者多种符号资源（语言、图像、空间等）完成意义建构的社会实践。本来语篇是指任何不完全受句子约束的一定语境下表示完整意义的自然语言，但在新媒体时代，语篇的含义也从传统的静态文字语篇扩展到了动态多模态语篇。因此，思想政治教育活动主体只有适应这种变化，以跨界思维推动思想政治教育话语的建构，才能更好地完成思想政治教育目的的社会实践。

第二，新媒体时代思想政治教育话语传播，呈现多形式、多模态。新媒体时代，由于信息的传递过程是双向的，信息的发送者既是发送者也可以成为接收者，因而大大改善了传统媒体传播信息过程中受众的被动地位。正因如此，话语在新媒体时代呈现出多形式、多模态，基于此，思想政治教育话语唯有通过这些新的形式以及不同的模态才能得以体现。

第三，新媒体时代思想政治教育话语沟通，更具人性化和契合性。新媒体时代的话语具备了很大的开放性，不仅使大众从单纯的受众变成媒体的主体，具有了更大的主动性，而且信息的获取也越来越快捷、方便、自由。因此，在新媒体时代，突出思想政治教育话语的人文关怀和以人为本的宗旨，是实现思想承载性、主体主导性和内容契合性的保证。

二、新媒体时代思想政治教育话语的特征

与传统思想政治教育话语特征相比，新媒体时代思想政治教育话语特征是有所不同的，主要特征如下：

（一）思想开放性

话语具有多种话语方式，任何一种话语方式都承载和传递着一定的思想内容。离开了这种表达方式，就不会有任何思想体现。传统思想政治教育所传播的思想，主要是通过话语来实现的，无论是表达者还是接受者，都是通过话语方式来表达和理解语言信息的，但这种话语表达方式，往往受到时间、地点的限制，带有某种程度上的封闭性。而新媒体时代却使这种表达方式发生革命性变化，新媒体在传播时间、内容和方式上都表现出了极大的开放性。由于新媒体的信息传播突破了时空界限，成为真正意义上的全天候媒体，尤其是新媒体所带来的海量信息，实现了资讯无屏障，使网络用户可以获取的信息永不枯竭。因此，新媒体时代思想政治教育所传播的思想，必须体现极大的开放性，它应当善于借助这种开放性的表达方式来承载和传递一定的思想内容。换言之，离开开放性话语，思想政治教育活动主体的教育思想既无法表达，也无所依附。

（二）主体交互性

传统思想政治教育话语，通常是以思想政治教育者作为教育主体的，所采用的控制式和劝导式话语方式与思想政治教育者在思想政治教育实施过程中的主体地位是相适应的，表现为实施主导性。新媒体时代的一个显著特点是：新媒体的传播方式是双向的，传播者和受众在信息交流过程中都有对等的控制权或主动权，每个人既是传播者，又都是受众，传播信息和接受信息几乎可以同时完成。由于在新媒体空间里每个主体都以相互区别的代号平等存在、平等对待、平等交流，要求思想政治教育话语的对话双方都必须拥有平等的话语权，教育者与受教育者可以采取自愿、自由的方式展开对话，并且这种对话不是封闭式而是开放式的，不是控制式或劝导式而是交互性的。施教者只有充分认识到思想政治教育话语主导性的变化，不断调整自己、完善和发展自己，才能更好地发挥自己在新媒体时代思想政治教育中的教育和引导作用。

（三）形式多样性

传统思想政治教育话语形式比较单调，主要通过课堂、讲座、报告会等形式来实现。新媒体时代，由于新媒体技术的广泛运用，话语表现形式丰富多彩，它们巧妙地绕开现有结构的控制，使得人们对信息的获取越来越快捷、方便、自由。新媒体所具有的多样性话语形式，不仅超越了报纸版面、电视时段、地缘等方面的限制，更突破了课堂、讲座、报告会等话语形式的局限，大大改善了传统媒体传播信息过程中受众的被动地位，在时间和空间两个维度都极大地提高了话语传播的可能性和有效性。因此，新媒体时代思想政治教育话语必须切实掌握这种点对多、多对多等话语形式，只有这样，话语意义才能通过这些新的形式以及不同的模态得以体现。

（四）内容个体性

传统思想政治教育话语的内容历来强调两点：①思想政治教育话语必须与受教育者的日常生活及利益、需求相契合，具有相应的联系；②思想政治教育话语的表达要与受教育者的接受能力和接受特征相适应。但是在实际操作时，由于受到各种因素的影响，效果不明显，尤其是对有个性化需求的更难以有效。

新媒体技术的运用，也为思想政治教育话语带来了两个革命性的变化：①对等，即强调教育者与受教育者之间对等的关系、对等的权利，由此带来的是思想政治教育主客体关系本质的变化；②点对点，即强调个性化地解决问题，由此带给思想政治教育的是对传统的、相对粗放的工作模式的变革，是注重每个学生的个性需求，强调学生的主观能动性，更新固有的工作理念和方法的变革。新媒体时代思想政治教育应当注重话语内容的变革，融图形、文字、声音、动画等为一体，为学生提供点对点的话语传播服务，尤其是针对不同需要的学生提供个体性的服务，使得思想政治教育话语内容更具契合性和实效性。

三、新媒体时代思想政治教育话语的功能

（一）辩护功能

辩护功能是思想政治教育话语的学科本源功能，在新媒体时代辩护功能尤显重要。随着新媒体的发展，当代西方新自由主义的思潮也通过网络直接影响了学生的价值取向；在价值取向上割裂了个人与集体的关系，消解了部分学生对集体主义道德观念的信赖与遵守；后现代主义放逐理想的价值取向，也导致部分学生思想道德上空虚、败坏，对政治的

冷漠，远大理想的缺乏与信仰的缺失，消解了他们对国家、民族的责任心与自豪感。面对当前网络上社会思潮的多样性、价值观念的多样性、意识形态的渗透与反渗透等现象，需要充分发挥思想政治教育话语的辩护功能，否则思想政治教育学科的设立就没有必要。这种辩护功能，既要体现对境外意识形态话语的渗透、对境外的不良话语的深刻批判和揭露，同时也要体现对社会主流意识形态的辩护和巩固，尤其是对社会主流意识形态话语的捍卫。当然，这种批判和辩护，主要是通过充分运用新媒体的多种形式，使学生从各种社会思潮话语的迷宫里走出来，认清事实、了解真相、辨别真伪，以树立正确的人生观和价值观。

（二）导向功能

导向功能是思想政治教育话语最主要的功能，随着新媒体的出现，使得思想政治教育话语的导向功能更为显现。新媒体时代，由于传播信息的扩展和传播速度的加快，使得社会信息传播方式大大丰富起来，现在人们借助新媒体的各种传播形式，可以通过文本、多媒体播件传递各种信息，还可以发送音频、视频信息等，其形式变得越来越复杂多样。由此传统的思想政治教育的单向灌输话语不再可行，取而代之的是思想政治教育导向话语，通过思想政治教育的导向话语营造主流话语氛围。所以，思想政治教育话语的导向功能是时代所要求的基础功能，而其功能的体现必须借助新媒体才能实现。

为体现思想政治教育话语在价值、目标和行为导向方面的功能导向作用，思想政治教育工作者可以利用新媒体即时性的特点，将学生感兴趣的思想政治教育素材发布到网络空间，促进思想政治教育学习的即时性；还可以利用新媒体的开放性、随意性特点，将自己在道德观、人生观、价值观方面的观点，通过简单凝练而富有哲理的文字形式发布到微博空间，对学生进行教育，从而提高思想政治教育的针对性。

在新媒体环境中，当网络上出现大量不同议论、争辩激烈时，应发挥好意见领袖话语的导向功能作用，加强对舆论的正面引导。议程设置是大众传媒所具有的一种为公众设置议事日程的功能，指的是传媒在新闻报道和信息传达活动中，可以通过赋予各种议题不同程度的显著性的方式，影响人们对事件重要性的判断。在新媒体环境下，虽然信息发布者的话语为公众设置议程的影响力因舆论主体分众化、舆论内容多元化而大打折扣，但网络媒体议程设置的话语仍然存在，如果巧妙运用，同样能够发挥好其话语的导向功能作用。

（三）互动功能

思想政治教育是一个双向互动的过程。新媒体改变了人际沟通的模式，使人际沟通与互动的广度和深度达到了一个新的层面。网络将私人空间与公共空间结合起来，给人们的沟通提供了前所未有的便利。这是一种心理与科技结合的渐进革命。在网络人际沟通中，个人以局部参与互动，实际上是个人自我认同的互动，但参与者共同组成的社会，支撑着互动的进行，个人甚至有时也援引在真实世界中的身份来推动这一互动过程。网络所有的多媒体特性都隐含了互动的功能。新媒体变革了以往人际传播是点对点的对话式双向传播、大众传播点对面的“独自式”单向传播的形式，代之以电子交互式的网络传播形式。这种话语的传播形式既综合了前两者的特点与优势，又不是简单地整合和延伸，而是一种全新的沟通互动功能的创造和体现。

从某种意义上说，新媒体时代思想政治教育话语是一种特殊的远程信息传播或通信、一种情感传播的过程，其话语的互动功能主要表现在：有助于思想政治教育工作者能够按照一定的教育目的要求，选择合适的思想政治信息，通过有效的媒体通道，把知识、观念和技能等远程地传送给教育对象，在教育者和受教育者之间实时地进行双向话语交流活动。同时，也有助于发话者在话语互动的过程中，能够立足话语接受者的实际，结合接受者自身特点，充分尊重个体差异，从接受视角出发，合理满足话语接受者的话语需求，优化表达语境，准确表达教育信息，及时提取反馈信息，从而使接受者在话语的互动中也能够积极主动地接受教育，并通过内化、外化形成良好的思想道德品质和品德行为。

新媒体时代思想政治教育话语所具有的互动功能，是一种网络思想政治文化传播，是一种在时间和空间上拓展人的语言和情感的融政治性和思想性为一体的网络双向互动行为。正是从这个意义上来说，新媒体时代思想政治教育话语传播的主体不仅是教育者，还是受教育者，教育者往往同时又是受教育者，而受教育者往往又是教育者，是他们双方共同的行为和作用，促成了话语传播的进行。教育者和受教育者的关系是两个主体相互依存、相互制约的互动过程。

（四）渗透功能

所谓渗透功能，指的是新媒体时代思想政治教育工作者在进行思想政治教育的过程中，通过采用新媒体技术，将思想政治教育的话语渗透到受教育者实际生活的各个方面，从而使受教育者在渗透功能的影响下，潜移默化地接受这种思想政治教育话语，并将其内化为自己的符合社会需要的思想观念、政治观点、道德规范的一种教育形式。新媒体时代思想政治教育话语的渗透功能主要体现在以下三方面：

1. 利用校园网渗透思想政治教育话语

校园网是学生经常登录的网站，思想政治教育工作者应当重视利用好这一途径。在校园网上，学生会对各种新闻、观点和主题进行自主表达意见和评论，这些会对一些学生的话语造成不同程度的正面或负面的影响。但对多数学生面对众多话语两难选择时，传媒的文化与意识形态领域的渗透方式应当注意更加潜移默化，令人难以觉察。通过采取这种潜移默化的渗透方式，改变学生的观念、思想和舆论，从而使功能发挥的方式更具有隐蔽性，在渗透中可以实现教育功能。

2. 借助新媒体的隐匿性渗透思想政治教育话语

新媒体技术的匿名性、隐蔽性等特点，使网友的性别、年龄、身份、地位等社会角色得到屏蔽，网络在线的每一个人，只用符号就可以实现畅所欲言。新媒体技术的这一特征，在一定程度上缩小了人际交往的心理距离，去除了先入为主的交往恐惧，可以使人在精神完全放松的情况下交流认识和思想，有助于教育者了解学生的思想动态，获得真实而有价值的信息，解答学生在成长过程中出现的困惑，并针对他们的各种问题及时准确地加以引导，提高思想政治教育话语渗透的有效性。同时，也可以通过互动互助的论坛、交友、电子邮箱等形式，引导学生对学校的发展、管理等自己感兴趣的话题发表自己的观点，在话语的碰撞中充分发挥出新媒体渗透式隐形教育的功能。

3. 把握新媒体的广泛性渗透思想政治教育话语

作为思想政治教育新载体的新媒体具有覆盖无限空间的功能，新媒体突破了以往学生思想政治教育受场地、时间限制等时空局限，使得思想政治教育话语传播得以进一步地发挥，更具有广泛性和影响力。随着思想政治教育话语渗透功能的拓展，渗透到组织规范制定和管理过程之中，可以让思想政治教育在学生学习、生活的多个角度不知不觉地展开，对教育对象的思想、行为将会产生潜移默化的影响和塑造作用。同时，由于这种渗透功能有意识地将思想政治教育话语渗透到人们各种活动之中，可以使过去与思想政治教育无关的部门、单位、人员和活动领域，成为思想政治教育的载体，进而形成多种社会因素和多方面人员参与的教育合力的功能，从根本上改变思想政治教育话语传播的有限性局面。

（五）规范功能

所谓规范功能是指主体在运行过程中需要实现的目的功能。思想政治教育话语的规范功能，就是思想政治教育工作者按照思想政治教育的既定要求，运用教育者的话语权力，对受教育者的政治意识、道德意识等进行规范，以保证思想政治教育的目的得以实现。

思想政治教育话语在传播的过程中，离不开话语权力，但权力的运作必须受特定的话语控制才能发挥其作用，没有话语，权力就缺少运行的重要载体。同样，任何话语的形成及其实践也是权力运作的结果，权力能够让一些人的话语成为主流话语，也能够让另一些人的话语隐匿消解。很显然，思想政治教育话语应具有这种权力，并且它的规范功能就是依靠这种权力才能得以实现的。鉴于此，为使思想政治教育话语的规范功能得以充分发挥，应牢牢掌握以下三方面的权力：

1. **掌握话语以快制快的主动权**

新媒体时代，信息传播速度之快是空前的，思想政治教育工作者应利用新媒体的快速反应能力，针对网上出现的倾向性问题，抓住问题实质，第一时间向学生即时播放信息，传播思想政治教育话语，把问题解决在萌芽状态。

2. **掌握网络话语的把关主动权**

（1）时机把关。思想政治教育话语权运用的最佳时机，就在于能否及时、有效地控制问题话语的产生，并且对初露端倪的热点话语给予有效引导，制止有害话语的传播。

（2）内容把关。思想政治教育工作者要精心设置话语内容，凸显思想政治教育话语引导的根本任务和重要内容，始终以党的创新理论、社会主义核心价值观作为学生的话语导向。

（3）网络把关人把关。网络把关人是由网络主管机关、网络管理机构、网络管理者和论坛版主等组成的，需要各方相互协调、通力合作，共同起到把关人的作用。

3. **牢牢掌握第一时间的话语主动权**

新媒体是把双刃剑，往往话语传播得快慢都可能给不良话语留下传播空间。因此，思想政治教育工作者必须在第一时间与网络保持亲密接触，有针对性地传播思想政治教育话语，使思想政治教育话语的规范功能得以充分发挥。

（六）评价功能

所谓评价功能是指对主客体工作运行过程的结果所进行的全面评价。思想政治教育话语的评价功能，就是指对思想政治教育既定要求的实施情况和思想政治教育话语传播的效果进行评价，这种评价包括对他者和自身的两方面评价，对思想政治教育话语效果的评价实际上就是话语的自我评价。

新媒体时代，思想政治教育话语的评价功能主要体现在以下三方面：

1. **正效果评价**

思想政治教育话语的正效果评价，主要是指思想政治教育话语传播的思想政治教育内容是否具有积极效果，也即是有效结果。其表征如下：

（1）描述有效，是指思想政治教育工作者利用新媒体快捷传播的技术，使思想政治教育话语能够准确、恰当、及时地描述思想政治教育内容；

（2）传播有效，是指思想政治教育话语在描述有效的基础上，适时地将思想政治教育内容传播到学生中间去；

（3）灌输有效，是指思想政治教育工作者充分运用新媒体交往引入的特点，使有形的思想政治教育内容通过无形的方式实现灌输目标。

2. 零效果评价

所谓零效果评价就是没有效果，是指在思想政治教育活动过程中，思想政治教育话语传播的思想政治教育内容失效，思想政治教育话语失效，就意味着思想政治教育话语失去存在的依据。导致思想政治教育话语失效的根本原因包括：①话语与话语内容不同步，使得思想政治教育话语无法对思想政治教育内容进行描述和传播；②话语与时代发展不同步，使得思想政治教育话语难以在教育者和受教育者之间进行有效沟通。

3. 负效果评价

思想政治教育话语的负效果评价主要是指思想政治教育话语传播的思想政治教育内容所产生的消极效果，对思想政治教育正效果是一种消解和阻滞，它表明思想政治教育话语已经异化。这种情况，在正常的思想政治教育活动过程中一般不会发生，只是出现在特定的历史时期。

总之，要重视和发挥思想政治教育话语的评价功能，扬长避短、趋利避害，不断增强思想政治教育话语的正效果评价，从而更好地推进新媒体时代思想政治教育话语发展。

第二节　新媒体时代思想政治教育话语体系的构建

一、话语体系构建的整体目标

（一）创立科学有效的话语体系

“进入新时代，面对新的时代责任、新的世界变局，思想政治教育话语体系构建应与时俱进。”① 一种话语体系是否具有科学性与有效性，除了要有坚实的理论基础外，还要有对现实的强烈关注。思想政治教育话语体系本身就体现出学理性与现实性两种品格。新媒体时代思想政治教育话语体系建构的直接目标就是打造科学有效的思想政治教育话语体系，即使思想政治教育话语体系具备深刻的时代内涵、鲜明的中国特色与旺盛的思想活力。深刻的时

① 高文天，商淑琦，郑林秋．新时代高校思想政治教育话语体系建构探析［J］．中学政治教学参考，2022（40）：58.

代内涵就是要求思想政治教育话语体系必须适应时代精神的内涵，契合时代进步的需要，迎合新媒体科技的诉求；鲜明的中国特色就是要求思想政治教育话语体系必须适应中国的国情、国势，注重中国传统文化的传承与创新，重视中国革命思想的吸收与借鉴；旺盛的思想活力就是要求在深入探索客观规律、获得正确的规律性认识的基础上，概括出思想政治教育话语体系的新概念、新范畴、新表述，使话语体系符合实际、引领实践。

（二）改进新媒体舆论引导工作

我国正处于全面转型时期，公众关注的议题不断多元化、深入化，各种民间话语和民间力量因为新媒体赋权得以公开表达，新媒体传播场域中已经形成一套话语体系与行为方式，原先严肃庄重的主流政治话语时常退缩为传统媒体上的独白，新媒体用户时常以俏皮话语方式消解，而各种舆论的个体也会导致民众思想的散漫无序和政治杂音的喧宾夺主。但是，如果一个社会不允许设立公共话语的出口，特别是不允许不同意见和异质话语的表达，就如同缺少过滤器和安全阀。因此，新媒体时代思想政治教育话语体系建构的核心目标是改进新媒体舆论引导工作，充分发挥正面宣传鼓舞人、激励人的作用。

（三）增加我国国际话语主导权

在全球化进程中，我们一方面要认识到中国与世界和谐发展的必要性，积极主动融入全球化潮流，与世界进行话语交融；另一方面，要意识到中国与西方话语冲突的必然性，坚定不移坚持中国立场，与西方进行话语交锋。这种话语交锋，主要是由意识形态上的中国特色社会主义与新自由主义的冲突、价值体系上的集体主义与个人主义的冲突、行为方式上的重权力和关系与重能力和自立的冲突而导致的。无论是话语交融还是话语交锋，都必然要以强大的国际话语权为基础。国际话语权在新媒体时代突破了时间、空间的限制，得到前所未有的扩张机遇与博弈压力。

新媒体时代思想政治教育话语体系建构的重要目标就是增强新媒体时代中国的国际话语主导权。这种主导权包括三方面：①拥有合理确定标准和定义对象的解释力；②拥有能够与其他话语体系平等对话的对话权；③拥有被世界认同的影响力。一言以蔽之，就是有发言权、能被倾听、有影响力。

二、话语内容体系的建构

（一）人生观教育

学生的人生观教育是思想政治教育的重要内容之一。人生观，即人对生存意义的认识，对人生本质的理解，它对人的成长发展有着重要的指导意义。因此，学生必须接受深层次的人生观教育，只有这样才能找到自己的人生发展方向。具体来看，人生观教育主要包括以下三方面的内容：

1. 人生理想教育

每个人对自己未来的发展都是有向往、有期待的，这些期望共同构成了人的人生理想，它是明确人生发展目标的前提与基础。

针对学生开展人生理想教育，就是为了帮助学生找到适合自己的、科学的、有意义的人生发展目标，让学生在理想的指引下不断努力学习，实现自己的人生价值，为国家、社会的发展贡献自己的力量。崇高的人生理想能够帮助学生在复杂多变的社会环境中保持清醒头脑，坚定正确方向，怀揣初心，实现人生理想。

理想教育还可以细分为社会政治理想教育、道德理想教育、职业理想教育以及生活理想教育。其中，社会政治理想教育是重中之重，它是学生人生理想教育的根本。理想教育的根本任务是引导学生深入理解社会共同理想，并加入实现社会共同理想的建设队伍之中。当前，我国社会的共同理想就是建设中国特色社会主义事业，实现中华民族伟大复兴的中国梦。这一共同理想的实现离不开所有中国人的努力，因此，作为国家的重要成员，学生要理解我国人民的共同理想，树立强大的精神信念，将个人的发展与国家的前途捆绑在一起，认清自己的社会责任，并勇敢承担起来，在建设国家的过程中实现自己的人生价值。

此外，理想教育还要注重挫折教育，引导学生正确认识理想与现实之间的关系，让学生明白理想道路上必然存在挫折，不可能一帆风顺，学生要具有应对挫折的勇气与能力，既要心怀崇高理想，也要脚踏实地学习，理想是不可能凭空实现的。

2. 人生目的教育

人生目的教育就是帮助学生明确自己的人生目标。从表面上看，人生目标似乎过于宏观，很难确定，但实际上，人生目标是由不同阶段的小目标汇集构成的，因此，人生目的包括终极目的与具体目的。在不同的人生阶段，人的追求、需要会发生一定的变化。对于学生而言，人生终极目的具有总的指导作用，它主要负责回答“人为何而活”这一根本人生问题，这一问题的答案需要究其一生去探索。可见，人生终极目的贯穿人的一生，而人生具体目的就是人在不同阶段、不同的实践活动中形成的小目标，它对人的具体实践行为有重要的指导作用。

人生终极目的与具体目的是相互统一的，应该保持方向的一致性，终极目的的实现是一个漫长的过程，需要具体目的的累积支撑；而具体目的的实现离不开终极目的的指导。有时，终极目的与具体目的之间可能会出现矛盾冲突，在这种情况下，终极目的对具体目的具有一定的制约作用，终极目的的导向性会得到凸显。开展学生人生目的教育，就是要引导学生寻找人生终极目的，制定现阶段学习发展的具体目的，将二者有机结合，增强学生学习生活的目标感，避免学生在校园里虚度光阴。

3. 人生态度教育

人生态度是人生观的重要构成部分，它是每个人在面对人生问题时表现出来的稳定的心理、行为倾向。人的认识水平、情感信念等都会对人生态度产生影响，其中，情感因素的影响作用更大。

一个人的人生理想、人生目的会影响其人生态度，甚至具有决定性作用。具体来看，人生态度分为积极态度与消极态度，正确态度与错误态度，乐观态度与悲观态度。通常，如果一个人具有正向的、积极的、乐观的人生态度，那么他获得成功的可能性会更高，人生的幸福感会更强；而一个人如果总是陷入悲观、消极的情绪，其人生的挫败感就会更强，难以找到自己的人生价值。由此可见，针对学生开展人生态度教育非常有必要。

要引导学生形成积极、正向的人生态度，学会从积极的角度看待问题，寻找问题的解决方案，在学习中获得乐趣，秉持乐观的生活态度。实际上，人生观问题大多来自实践，因此，这些问题的解决也要在实践中进行，学生要学会将所学知识与技能运用到实践中，在实践中实现自己的人生价值。

（二）爱国主义教育

每个人都有自己归属的国家，国家为个人的发展提供着庇护与帮助，爱国主义教育要让学生深入了解自己的国家，认识本国国情，认识自己在国家发展中的重要价值，理清个人与国家之间的紧密关系，培养学生的爱国之情，让学生树立为国奉献、为国服务的爱国意识。

1. 爱国主义的内涵

任何一个国家的国民教育都离不开爱国教育，爱国是人类共同的情感，爱国主义，即要求所有国民为国家的良好发展贡献自己的力量。

（1）爱国是人类共有的感情。在人类社会漫长的发展历程中，当国家出现时，爱国主义就产生了。在远古时期，人类的生产力极低，经常遭到凶猛野兽的袭扰，受到自然灾害的侵害，为了应对这些危险，人类建立了族群，期望通过群体来保护自己。后来，人类的生产力逐渐提高，有了稳定的生存资源，私有制由此诞生，各个族群开始为自己划分领地，抢占资源。从某种意义上来说，这意味着人类社会的进步。在私有制产生的基础上，国家应运而生，人们开始固定地在某个地区生活，长此以往，人们对该地区的土地、山水、人文都会产生浓厚的依恋之情，这实际上就是爱国主义情感的萌芽。

后来，随着国家的概念越来越成熟，人们的爱国情感也越来越深厚。原本简单的乡土之情，升华为爱国之情，人们开始对自己国家与民族的发展倾注更多情感，愿意为了国家利益牺牲小我，这种价值观念与道德准则促进了爱国主义的最终形成。在人类社会漫长的发展历史中，流传着许多感人的爱国故事，直到今天这些爱国故事仍在不断上演。

（2）爱国是中华文明的永恒主题。在历史悠久的中华文明中，爱国主义贯穿始终，爱国主义是几千年来中华民族歌颂、赞扬的主题，它已然成为一种与中华民族紧紧相连、不可分割的文化传统，成为一种被人们普遍接受的社会道德准则，中国社会的建设与发展离不开爱国主义这一重要的价值规范。

第一，爱国主义是中华民族伟大的凝聚力。纵观中国的发展历史，可以看出，古代中国呈现出“分久必合、合久必分”的发展特征与发展规律，进一步分析可以发现，“合”的时间要远远多于“分”的时间，这在一定程度上表明：统一才是中华民族的最终追求，统一才是中国社会发展的主流趋势。要想保证中国社会持续、健康地发展，就必须坚持统一的原则。不论在哪个时期，中国人民都坚持国家的统一，爱国主义正是这种坚定信念的突出体现，爱国主义情感将所有中华儿女紧密地连接在一起，将个体的力量汇聚成坚不可摧的民族凝聚力，这种巨大的力量推动着中国社会不断向前发展。

第二，爱国主义是高尚人格的具体体现。爱国主义代表了中国人民的高尚人格，中国人民往往能够将国家与民族的整体利益放在首位，勇于牺牲自我利益，在危难时刻，愿意付出一切维护自己的国家与民族，愿意与国家共渡难关，这是中国人民高尚人格的重要表现。在古代历史中就有许多感人的爱国故事，比如，西汉时期的苏武出使匈奴，遭到流放扣押，但他坚决维护自己国家的尊严，不愿轻易屈服，为历代人所赞颂。还有屈原、岳飞、文天祥等爱国英雄的故事也令人钦佩至极，这些爱国故事代代流传，为现代中国人树立了良好的爱国榜样。

第三，爱国主义必须坚持与时俱进。爱国主义并不是一个固定的、不变的概念，实际上，爱国主义一直处在动态的变化之中，在不同的历史时期、不同的社会发展阶段，爱国主义的内容与表现形式都有所不同。在现代社会，爱国主义主要包含以下几个方面的内容：

坚持中国特色社会主义道路。在现代中国社会，爱国主义与社会主义已经形成了统一的战线，中国要想获得良好的、持续的发展，就必须坚定地走中国特色社会主义道路，这是对以往的历史经验进行总结得出的有效结论。

坚持改革开放、解放思想。爱国就要努力建设国家，建设社会主义新中国。当前，我国已经进入社会转型的关键期，要想实现社会主义建设的最终目标，就必须坚持改革开放，解放民众的思想，在各个方面有所创新，促进我国社会主义事业的发展。作为新时期的爱国者，必须挣脱传统观念的束缚，克服各种思想障碍，用多维视角认识世界、探索世界，为祖国的现代化建设贡献自己的一份力量。

坚持中国共产党的领导。虽然爱国主义更多时候表现为一种情感，但是它并不是一个抽象的概念，爱国是有具体内容的。其中：坚持中国共产党的领导就是重要内容之一。在中国共产党的领导下，中国人民共同努力建设中国，创造了一个和谐、民主、稳定的社会环境，过上了安居乐业的幸福生活，这正是坚持中国共产党领导的结果。随着社会形势的变化，中国共产党遇到了诸多挑战，针对这些问题中国共产党不断加强党内建设，积极开展自查自纠，提升党的自律性，近年对反腐力度的加强正体现了这一点。

2. 新时期爱国主义的根本任务

尽管当前我国处于和平发展时期，但仍然面临许多挑战，并且还有新的问题在不断涌现。所有中国人民要积极应对这些问题，完成社会主义建设的艰巨任务，共同打造一个富强、民主、文明、和谐的现代化国家，不断增强我国国力。要将所有中国人民的力量凝聚起来，就必须加强爱国主义教育，唤醒每个中国人的爱国情感。新时期爱国主义的根本任务如下：

（1）培养民族意识，增强国家观念。21 世纪，世界的主题仍旧是和平与发展。随着全球化进程的推进，各个国家之间的贸易合作、文化交流、人才流动逐渐增多，彼此的壁垒逐渐削弱。在这种国际背景下，人们的全球化意识有所增强，能够用更加多元的视角去看待世界、认识世界，但与此同时，国家意识与民族意识则被不自觉地淡化了。面对这种变化，我们应保持思考，有所警惕，既要抓住全球化发展的机遇，利用一切有利条件推动国家的繁荣发展；也要坚定国家信念，保持民族意识，维护国家的主权与利益，这是新时期爱国主义的时代需求。作为发展中国家，我国在面对经济全球化时需要保持清醒的头脑，合理利用全球化带来的机遇与有利因素，同时也要警惕某些西方发达国家的不轨之心。

随着信息技术与网络技术的发展普及，维护国家安全的任务内容也从原来的国土安全、经济安全拓宽到了网络安全、科技安全等多个领域。学生作为未来中国的主人，必须具有爱国意识，坚定地维护国家利益，在面对庞杂的信息思潮时，要保持理智，坚定立场，拒绝受到不良思想的侵蚀，形成保护国家利益、民族利益的自觉意识。

（2）实现中华民族伟大复兴的中国梦。新时期践行爱国主义的根本任务就是实现中华民族伟大复兴的中国梦。国际形势的变化以及国家自身实力的提升，推动我国进入社会发展关键期，尽管我国面临诸多挑战，但这些挑战也能转化为机遇。中华民族伟大复兴的中国梦，是所有中国人共同的梦想，它是我国社会发展的主要方向。中国梦的实现是必然的，它依赖中国社会的发展以及国民的共同努力。学生作为社会建设的重要力量，必须付出实际行动促进中国梦的实现，将中国梦与自己的个人发展相连接，在实现小我价值的同时成就大我。每个人都应将中国梦放在心中，为之不断努力，相信不久的将来中华民族伟大复兴的梦想必定实现。

（三）素质教育

素质教育是思想政治教育的主要内容之一。在社会飞速发展的背景下，许多企业和用人单位对人才的需求都发生了较大的变化，除了要求人才具有充足的专业知识储备以及熟练的专业技能之外，还要求其具有较强的综合素养，社会对于全面型、综合型人才的需求在不断增长。开展素质教育的目的就是促进学生的全面发展，为社会培养更多优质的复合型人才。实际上，素质教育就是思政教育的延伸，它将思想政治教育的范围拓宽了，对思想政治教育进行了有效补充。同时，在思想政治教育中融入素质教育，有助于增强思想政治教育的吸引力，提高学生对思想政治教育的接受程度。素质教育活动的开展，能够充分调动学生的积极性、主动性，将思想政治教育内容灵活地融入有趣的教学活动中，潜移默化地提升学生的综合素养，从而达到培养综合型人才的教育目标。

思想政治教育中的素质教育，旨在培养优质的人才资源，锻炼学生的社会适应能力，引导学生树立明确的人生发展目标，促进学生各方面素质的全面发展。可以组织学生参加各种社会实践活动，为学生提供创新创业支持，鼓励学生参与社团工作，等等，通过这些方式提升学生的综合素养，促进其个人的发展成长。思想政治理论课教师可以有针对性地围绕学生的理想信念、学习素养、政治素养、道德素养、身心健康、待人处事、职业规划在思想政治理论课教学中采用显性或者隐性的方式加以引导，做到既教书又育人。思想政治理论课教师也可以现身说法，用自己的亲身经历按照做一个好人的标准引导学生该做什么，不该做什么，该怎么做，不该怎么做。思想政治理论课教师一定要把握思想政治教育的落脚点就是实现素质教育的目标，促进学生德智体美劳全面发展。

通过思想政治教育提升素质教育，还要保证每一位教师和思想政治教育队伍综合素质得到提升，即每一位思想政治理论课教师和思想政治教育工作者要有坚定的理想信念、渊博的科学文化知识、超强的政治敏锐性、高尚的道德情操、健康的体魄和心理，真善美的仁爱胸怀，任劳任怨的服务意识。

三、话语传播体系的建构

（一）建立主题网站

1. 专业网站

思想政治教育专业网站是对思想政治教育相关问题进行学术研究与业务讨论的平台，

主要面向思想政治教育宣传者、实践者、研究者与爱好者。中共中央党校主办的“理论网”、《求是》杂志主办的“求是理论网”、人民出版社主办的“中国理论网”、北京市委宣传部主办的“宣讲家”等一系列专业网站，都以宣传党的路线、方针、政策为着力点，为思想政治教育研究提供支持，也为思想政治教育实践解疑释惑，是思想政治教育话语传播的主要平台。如这些专业网站对“中国梦”“群众路线”“社会主义核心价值观”等都进行了全面阐释与深刻解读，为思想政治教育工作者、国内民众与国际社会准确解读与高度认同中国共产党和中国政府的执政理念、决策部署、发展规划铺设了一条崭新的通道。

2. 红色网站

思想政治教育红色网站，是针对师生的思想状态、群体特征、知识结构、心理机制、关注热点、实际诉求、年龄层次而开展思想政治工作的网络平台，它由各师生共同创建并主要面向师生提供服务。红色网站整合了网络教育资源，契合了师生群体的网络消费习惯，搭建了师生交流的网络平台，延展了思想政治教育的时间，拓展了思想政治教育的空间。比较有代表性的红色网站主要有：北京大学的“红旗在线”、清华大学的“学生清华”、西北师范大学的“沟通无限”等。这些红色网站以不同的形式在网站上开办网络党校、网络团校、网络课堂，设立政治理论、时事政策、法律道德、党史党建、校史校情等学习专栏，传递正能量、弘扬主旋律，是思想政治教育话语传播的主要阵地。

3. 资讯网站

思想政治教育资讯网站是普及思想政治教育理论、传播思想政治教育信息、开展思想政治教育实践的新媒体平台，面向最广大的新媒体用户。思想政治教育资讯网站以新媒体技术为依托，以多种传播形式为介质，兼容文字、音频、视频与互动平台，与传统思想政治教育媒体相比，其最突出的优势在于信息更新的快捷性、传播形式的多样性、作用方式的潜移默化性。

人民网、凤凰网、新华网、光明网等以资讯报道为主的网站，站在时代最前沿，体察社会最热点，通过中立、专业的新闻视角，运用客观、准确的新闻话语，报道事实、还原真相，能够让公众全方位、多视角、全天候地了解中国特色社会主义的建设进程与建设实际。

（二）打造社区论坛

1. 主题社区论坛

随着新媒体的快速发展，论坛成为网络辩论的主战场。凤凰论坛、强国论坛、天涯论坛、中国人论坛等主题论坛的出现，使网络辩论之风愈演愈烈。在 BBS 论坛里，人们克服了空间、时间的限制，遮蔽了年龄、身份、职业、学历、财富、外貌、健康状况、社会地位、婚姻状态等因素，就一切感兴趣的议题表达观点、阐明主张、交流看法。从百姓身边到国家大事、从专制集权到自由民主、从食品安全到教育制度、从环境污染到绿色生态、从社会现实到中国梦等，一切敏感话题都可以成为论坛里的热门帖子。

对思想政治教育话语主体进行话语赋权，使各种观点、各种主张在论坛上互相碰撞、互相激荡，不仅有利于了解话语个体的思想状态、掌握社会群体的舆论倾向，有利于话语主体间的情绪宣泄与疏导，还有利于意见领袖有针对性地进行舆论引导。

2. 社区论坛

社区论坛风靡各大学校，隶属于教育机构，已经成为师生交换信息、阐明观点、话语博弈、宣泄情绪、交友聊天、休闲娱乐的重要话语平台，深受广大师生的认可与依赖。例如，北京大学的“未名湖”、清华大学的“水木清华”、复旦大学的“日月光华”、武汉大学的“珞珈山水”、华中科技大学的“白云黄鹤”、上海交通大学的“饮水思源”、大连理工大学的“碧海青天”等。

BBS的使用人群具有相对固定性与稳定性，其教育水平与年龄层次相对统一，生活环境与学习环境相对一致，因此，其关注焦点与话语主题往往分布在电脑应用、学术研究、教育教学、文学艺术、电子竞技、体育赛场、休闲旅游、校园公益、系统服务等区域。话题的同质性与观点的异质性为思想政治教育的开展奠定了可能性与必要性基础。思想政治教育工作者需要承担起意见领袖的职责，在掌握思想政治教育对象的群体心理特点与个体思想动态的前提下，以话语交锋或话语交流的形式，培养学生的集体主义、爱国主义精神，增强学生公平、民主的意识，舒缓其心理压力、排解其负向情绪。

（三）推广主流微媒体

微媒体是指以数字通信技术为基础，以无线网络连接为介质，以移动通信工具为终端，以微博、微信等即时通信软件为主要传播平台所建构的信息传播网络。微媒体的突出特点表现为“微”，即个性化、碎片化、自主化、即时化。微媒体契合了现代社会快捷高效的生活方式、迎合了现代人快餐式文化的消费习惯，成为用户获取与分享个体经验、培养兴趣爱好、交流专业知识、获得新闻资讯的重要平台，也成为用户间形成朋辈关系、进行社会交往的重要工具。广泛认同与普遍使用为思想政治教育话语的微媒体传播奠定了社会基础与心理基础，微媒体由独立发布点构成的网状传播结构为思想政治教育话语的个体传播与群体传播拓宽了主渠道。

1. 微博

微博是微型博客的简称，新浪微博开启了国内的微博大潮，搜狐、网易、腾讯也先后推出了自己的微博产品，使微博用户数量迅速飙升。微博结合了即时通信与博客的特点，用户可以通过文字、图片、视频等形式进行信息的发布、评论、分享、转发等。推送承载着思想政治教育话语信息的主流微博，可以从以下三方面出发：

（1）聚合关注的力量。关注是微博的基本功能，它实现了一个用户与另一个用户之间的关系连接。思想政治教育话语主体在建立关注关系之后，可以通过精准互动的方式共享思想政治教育话语信息，形成信息的聚合效应，凝聚信息的关注力量。

（2）激发评论的热情。微博用户可以对他所关注的微博就某一话题发表评论，评论信息被他人获取时又得到再评论，形成微博所独有的用户之间的互动交流。思想政治教育话语主体之间的评论实际上就是思想政治教育话语主体参与性与互动性的体现。

（3）点燃转发的动机。微博用户可以根据个人的需要与兴趣选择自己的转发内容。从一个用户的首次转发到另一用户的再次转发，使得信息量成倍增长，信息关注度急剧飙升。而转发同一微博信息的思想政治教育话语主体因为共同的话题、相似的观点而聚集成为固定或临时的网络群体，一方面有利于思想政治教育话题圈子与传播圈子的形成，另一方面有利于圈子成员认同感与归属感的形成。

2. 微信

微信是一款主要以手机、Pad 等移动通信设备为终端的即时通信软件，具有快速发送文字、图片、语音、视频等功能，支持双向或多向语音与视频对讲，提供公众平台、朋友圈、消息推送等服务。它一方面满足了用户即时更新信息、随时社会交往的需要；另一方面，通过二维码扫描、摇一摇、红包、支付等功能，使生活变得更加便捷和有趣，因而迅速成为新媒体用户的新宠。作为思想政治教育话语传播的新渠道，微信具有以下三个优势：

（1）去中心化的传播模式，使每个思想政治教育话语传播主体都能够成为信息传播的节点，使人人都享有平等的话语权，生产个性化的信息，丰富个性化的内容，极大地调动了思想政治教育话语主体的积极性。

（2）朋辈型的传播关系，使思想政治教育话语主体间的心理距离拉近、传播效果自然。圈中好友或群中成员之间互相关注、互相点赞、互相转发，以点对点、点对面的方式实现节点信息共享以及节点信息互动。

（3）核裂变式的传播能量，使思想政治教育话语内容一旦发布，话语主体节点就会不断扩大和延展，话语信息内容就会彰显出无穷的生命力与影响力。从理论上说，在微信群里，个体之间的套叠与群体之间的套叠相作用使一条信息可以在短时间内传遍世界上的任何角落，而这条信息的信息源已不再重要。

四、话语保障体系的建构

（一）法律保障体系

法治一直是政府以公权力直接介入社会管理的重要手段，新媒体的话语赋权引发了媒介格局及话语主体关系的变革，以法治手段应对这种变革就成为一种必然。通过法治来协调话语主体的利益关系，尊重公民的话语权力，控制由技术赋权而引发的话语扩张，是媒介发展史上世界各国所普遍采取的措施。就思想政治教育话语实践在新媒体语境中的良性运行与积极发展而言，涉及以下相关法律法规：

第一，用户上网登记与相关信息保存法律法规。对思想政治教育话语主体进行上网登记与身份验证是保障新媒体时代思想政治教育话语良性运行的第一道防火墙。对思想政治教育话语主体的网络痕迹与网络言论进行一定时间的信息保存，则为法律监督与责任追诉提供了证明要件。

第二，运营机构审查备案法律法规。对运营机构审查备案是保障新媒体时代思想政治教育话语良性运行的第二道防火墙。运营机构的依法成立与合法运营，是思想政治教育话语场域得以净化与实现和谐的必要条件。依据法律规定，落实备案审查制度，使在中华人民共和国境内提供经营性和非经营性互联网信息服务的机构以实名制履行备案手续，使网络接入商、网吧经营者、游戏运营商等做到实名备案，使企业、事业单位网站与个人网站在备案时提供有效证件号码，同时对提供网络信息服务的机构资格、审批程序、运营场所、运营方式等进行一系列的限制，这在无形之中会对网络运营机构形成震慑与警示。

第三，电子公告系统许可制、责任人制和过滤制法律法规。对电子公告系统实行许可制、责任人制与过滤制是保障新媒体时代思想政治教育话语良性运行的第三道防火墙。将网络治理从现实世界延伸到虚拟网络空间，要求所有经营电子公告服务的业务，包括电子布告牌、电子白板、电子论坛、网络聊天室、留言板等除了要有经营许可证以外，还应向省、自治区、直辖市电信管理机构或者信息产业部提出专项申请或者专项备案。

第四，网络言论、行为的禁止性法律规范。对网络言论、行为出台禁止性法律规范是保障新媒体时代思想政治教育话语良性运行的强制性措施与针对性方案。禁止性法律规范是思想政治教育话语主体与所有新媒体用户所必须共同遵守的、不容碰触的底线。

（二）行政监管体系

在现有的新媒体监管格局中，政府的意志与力量是不可忽视的。就单一制中央集权的权力配置模式而言，全部权力理所应当为中央政府所拥有，地方政府受中央政府的领导与控制，必须服从中央政府的权威。地方政府部门是新媒体监管的具体执行者，合理运用政策工具、政策手段、管理手段解决现实问题。对新媒体的行政监管是保障新媒体时代思想政治教育话语安全的最直接的手段，其管理内容涉及以下三方面：

1. 互联网的资源管理

对互联网的资源进行行政监管，是从源头对思想政治教育话语的传播渠道进行审查。相关监管部门依据法律规定，落实 IP 地址的备案制度；按照“先申请先注册”的原则提供域名注册服务；从国家与公众的利益出发对部分域名进行必要保护；对境内设置并运行域名根服务器与镜像服务器的运行机构以及境内的域名注册管理机构和域名注册服务机构实行许可证的审批与管理。这是对思想政治教育话语传播渠道极度多元化的有效应对，强力控制新媒体的传播渠道，就能够在过滤信息、营造舆论时抢占先机。

2. 互联网的内容监管

对互联网的内容进行行政监管，是从正面对思想政治教育话语的传播内容进行把关。在管理制度上，实行记录制度、删除制度、处罚制度与电信监管部门的配合制度等。在管理内容上，包括以下三点：①对网络新闻进行细致的业务划分并落实相应的审批制度、备案制度、安全评估制度、业务年度报告制度等；②对网络文化产品进行事前审查与事后干预；③对网络视听节目进行细致的业务划分并落实相应的审批制度、业务来源限制制度、节目审查监控制度等。这从某种程度上来说克服了信息相对自由流动中造成的意见市场多元开放、主义灌输局部失灵的后果。

3. 互联网的网络安全管理

对互联网的网络安全进行行政监管，是从侧翼对思想政治教育话语的国际传播进行控制。已有制度规定：计算机信息网络直接进行国际联网，必须使用信息产业部批准的国家公用电信网提供的国际出入口信道；对从事国际联网业务的，实行许可制度；对不同的互联网业务提供者，规定了不同的安全需求和需要落实的技术措施。这就为思想政治教育话语的国际传播设置了安全纱窗，一方面，保障了健康安全的互联网信息的国际传播；另一方面，防止了有害危险信息的国内外共谋。

（三）技术控制体系

代码规制着网络空间，使身份识别技术、数字签名技术、加密技术、屏蔽与过滤技术得以实现，也使网络空间的技术控制成为可能。目前，我国互联网的技术控制体系已经发展到了一个比较成熟的阶段。通过多手段、多途径、多层次、分布式的处理，使国家级网关的 IP 地址阻断、主干路由器的内容监测、域名过滤、内容发布过滤、监控软件等功能得以实现，把新媒体用户的信息接触控制在政府可控制的范围之内，从而在技术上为思想政治教育话语主体的信息传播与接收提供了保障。

1. 国家入口网关的 IP 地址阻断

IP 地址对于网站而言就是其身份证明与身份代码，具有唯一性与识别性，所以，对 IP 地址进行阻断，就意味着对网站进行封锁，意味着中国的新媒体用户无法访问该 IP 地址；同时，该 IP 地址也无法访问中国的任何站点，是阻挡境外有害信息入侵与境内外不良信息交流的最直接的技术手段。一般来说，根据阻断性质的不同，可以把 IP 地址阻断清单分为两种列表：一种是固定列表，列表中的 IP 地址常年被阻断；另一种是动态列表，列表中的 IP 地址根据具体情况或被阻断或被解阻。

2. 主干路由器关键字阻断

主干路由器关键字阻断技术能够从计算机网络系统中的关键点收集分析信息，过滤、嗅探指定的关键字，并进行智能识别，检查网络中是否有违反安全策略的行为，从而实现精确的网址过滤和全网范围内的网页内容过滤。如果数据流里的敏感字符符合事先给定的规则，路由器则向用户端发送一个重置的数据包，自动切断用户与服务器的会话连接，使数据流中断，从而在终端电脑上出现“该页无法显示”的提示。与此同时，路由器也会向互联网审查系统发送审查请求，审查系统的扫描器会自动审查页面上是否含有违禁词汇，如果确认含有，则会中断连接，阻止互联网用户继续访问。而且这种过滤是双向的，也就是说，国外含有某关键字的网址在国内不能被访问，同时，国内含有某关键字的网址在国外同样被禁止访问。

3. 域名过滤

域名系统可以被视为登录网站的电话簿。当前世界上一共有 13 个“根”级别的域名服务器，均安装在中国境外。当用户访问网站时，浏览器会先查找服务器，确认域名对应的 IP 地址，然后进一步发出访问请求。同时，不同级别的域名解析服务器会一级一级查询到境外，由骨干网络节点的监视系统对访问请求进行审查，如果为正常网站，就会放行；如果为审查范围内的网站，就会发送回一个假的 IP 地址。由于假的 IP 地址返回速度要快于真的 IP 地址，所以，浏览器等网络工具就会先识别假的 IP 地址，导致真实网站无法被访问。

4. 内容发布过滤

内容发布过滤技术是对内容进行预先审查的技术，即敏感词过滤技术。大多数网站、论坛、贴吧、聊天室、个人电子邮箱以及 QQ、微信等即时通信工具，都会采用敏感词预先过滤或延后发布技术，以保证任何出现涉及敏感词汇的言论都不能在网络上发布或被审查后才能发布，即使发布出来，也会在一定的时间内被删除或被隔离。不同机构、不同组织、不同群体会根据其各自的定位、定性而设定不同的敏感词尺度与敏感词范围。同时，敏感词也可以分为固定敏感词与临时敏感词。前者在制定标准上比较统一，范围也比较固定；后者则呈现出明显的动态性。

5. 监控软件

监控软件技术多用于对网络终端设备的监控，尤其是对网络终端设备的公共聚集区——网吧的监控与管理。监控软件的应用，一方面，使网络监察部门通过实时查屏功能，能够随时看到网络用户的窗口显示信息，一旦看到有电脑终端进入非法或不健康网页时，可以立刻中断其链接，把网络信息安全隐患消灭于事前；另一方面，也使得网络用户的上网记录得以完整保存，一旦发现问题可以查到全部相关记录，这既是一种有形的查找线索与证据手段，也是一种无形的警醒与震慑。

第三节　新媒体时代思想政治教育话语的转换路径

“新媒体具有开放性、互动性和多人参与的传播特性，其特性为思想政治教育的话语转换创设出新的空间和载体，改变了思想政治教育的实践活动、发展状态和话语表达，冲击着教育者和被教育者所处的地位和所拥有的权力。”①

一、更新思想政治教育话语理念

（一）树立思想政治教育话语平等交往理念

语言在社会实践和人们交往过程中发挥着至关重要的作用，人与人之间的交往通常是以语言作为媒介，在开展思想政治教育活动过程中，只有通过交流与互动，才能使人们积极参与各项实践活动，才能成为思想政治教育的主体。因此，在新媒体环境下，话语工作也必须以此为理论依据，使教育双方之间能够站在相对平等的位置上进行沟通与交流，在沟通与对话中达成共识，最终实现话语的平等性与互动性。

话语交往主要是针对教育者与受教育者之间以什么样的话语方式进行交流与互动，才

① 包英杰，张宝石，朱思明．新媒体境遇下思想政治教育话语转换路径论析［J］．教书育人（高教论坛），2021（18）：69.

能够起到最好的效果。在新媒体环境下，每个人追求的是一种平等、自由、公正的话语交流方式，是思想政治教育者与受教育者之间精神上的融合和共享。因此，思想政治教育者要改变以往单向灌输化的话语方式，尊重受教育者的话语表达权，以贴近实际生活的话语内容进行自由平等的话语沟通与互动，使受教育者获得极大的信任与满足，进而有利于思想政治教育者与受教育者之间建构一种和谐、平等的话语交往关系。

由此看来，在快速发展的网络信息化时代，话语转换必须树立平等互动的交往理念，这不仅有利于改变以往教育者高高在上的话语地位，减少教育者的话语表达机会，增加受教育者开口发言的机会，而且也有利于改变陈旧单一的灌输化方式，只有这样才能适应社会环境的发展与变化。与此同时，在话语交往过程中，教育者要注重融入情感关怀，改变以往冷淡无情的交流方式，了解受教育者内心的真实想法和情感体会，实现彼此真正的平等交往，这才有助于受教育者积极主动地参与到思想政治教育工作中，为思想政治教育的话语转换提出更加合理更加有建设性的意见与建议，从而推进思想政治教育话语转换目标的实现。

（二）强化合理的教育者话语权威理念

思想政治教育者话语，就是对于教育过程中出现的问题以及社会环境发生变化后应该在哪些方面做出改进，有一定的话语表达权和发言权，但长期以来，由于教育双方之间一直处于一种不平等地位，属于主客体关系，这就导致受教育者始终处于一种相对劣势的位置；相反，教育者则处于话语理念的越位状态。思想政治教育者在话语表达上拥有较大的空间和自由，尤其对于受教育者来说，在传递话语内容和思想观念的过程中，表现为一种强势话语方式，从而压制了受教育者话语的自由表达和个性发展，在某种程度上也禁锢了受教育者的思维模式和思想观念，使教育者与受教育者之间的关系进一步僵化，最终影响了思想政治教育话语转换的顺利实现。

随着新媒体时代的到来，以互联网、数字化技术为主要载体的新型媒介成了人们对话与互动的主要方式，这就使受教育者的思维观念发生了较大的变化。同时对话语诉求也有了强烈的要求，以往教育者的话语强势地位就受到了极大的冲击，因此，在思想政治教育话语的传播过程中，要注重树立合理的思想政治教育话语权威理念，发挥其有利的一面，使其提出更好的想法与观点，确保话语的有效转换。

从本质上来看，霸权和权威有不同的内涵，正确区分和把握两者的科学内涵，有利于思想政治教育者树立正确的话语权威。话语霸权主要表现为一种绝对的控制权、操纵权和支配权，具有较大的强制性，在传播和宣传教育内容的过程中，他们始终处于主导地位，甚至不给受教育者发表言论的自由与空间，话语权几乎被剥夺；权威则是使人信服的力量和威望。因此，对于话语的发展来说，教育者要掌握合理的话语权威，既要保持教育者合理的部分，同时也要防止他们权力过多过大而导致话语霸权的现象。

在科学技术迅猛发展下，实现话语转换就必须使教育者具有一定的话语权威，并使话语权威在实践过程中逐步规范化、标准化；与此同时，教育者在传达思想信息时，要扮演一个平易近人、和蔼可亲的角色，而不能总是以一种严肃命令的口吻与受教育群体进行交流沟通，即教育者不仅要以理服人，更要以德服人，根据环境的变化与发展，时刻关注发展动向，准确把握各种新内涵。此外，教育者还要及时关注受教育者的思想动向和需求，加强交流与互动，使受教育者从内心里真正理解思想内容，从而促进思想政治教育话语的转换。

二、优化思想政治教育话语内容

（一）借助新媒体建构贴近生活的话语内容

伴随快速、便捷的新媒体时代的到来，海量信息扑面而来，为思想政治教育的话语内容赋予了新的思想内涵，并提供了新的话语交流与互动平台。相对于传统思想政治教育抽象、刻板、严肃的话语方式，新媒体环境下幽默、风趣、自由的话语方式更能引起受教育者的情感共鸣，是一种与个人生活世界相契合的生活性话语。因此，思想政治教育要回归生活世界，要密切关注个体日常生活中的点滴变化，并善于挖掘生活中的新奇事物，对生活中遇到的问题要经过对话与交流达成一致看法，从而增强话语的生活叙事能力，进而为话语的转换提供正确的价值导向。

第一，思想政治教育话语内容要关注生活、回归生活。思想政治教育话语不是坐而论道，而是要展示出解读现实、解读生活的鲜活魅力。在新时代的影响下，各种沟通话语要想被受教育者欣然接受，就必须贴近实际生活，要将传统的文本性话语转换为贴近生活的日常话语，这在一定程度上符合新媒体环境下受教育者对个性的追求，有利于话语转换目标的实现。

第二，思想政治教育要善于运用生活性话语。在新媒体环境的影响下，要改变传统思想政治教育话语抽象、理论化的话语方式，转换为亲切地、接地气地、真诚地与生活气息紧密相关的话语，善于用大众话语与人们进行对话与交流，使其在思想政治教育话语表达的过程中增添更多的人文情怀。与此同时，在互联网的带动下，教育者要及时关注人们日常生活中的新鲜事件，了解人们身边发生的实事、真事，与大众群体真正融合到一起，打成一片，从心底上接受他们、理解他们的真实想法，这有利于思想政治教育从社会生活中汲取养分，从而使其更贴近人们的实际生活，促进话语的有效转换。

第三，思想政治教育要提高解惑能力。在日常生活中，每个人都会遇到各种问题，思想政治教育也不例外，通常会有思想观念、道德舆论等方面的问题，这就需要通过合理有效的话语进行沟通，从而使问题得以解决。因此，实现思想政治教育的话语转换，就要敢于回答实际生活中出现的问题，在解决问题的过程中提高答疑解惑的能力；与此同时，教育者还要积极引导受教育者在价值冲突中能够做出正确的选择与判断，使其从内心上真正地理解与接受，此外，教育双方要对话语进行创新性研究，最终促成思想政治教育话语的有效转换。

（二）借鉴新媒体环境中健康的网络话语

新媒体的出现，使网络走进了人们的生活当中，在思想政治教育宣传过程中，传统媒介已经无法满足受教育者的心理特点和需求，取而代之的是以互联网、数字化为主要交流和沟通方式的新型媒介，这就使思想政治教育话语转换受到了一定的挑战。一方面，网络在提供各种便利条件的同时，也使一些不良信息乘虚而入，影响人们之间的交流与对话；另一方面，思想政治教育话语作为一门独立的学科，与网络化话语相比属于弱势话语，话语在新媒体环境的转换过程中可能会出现失真、失效的现象，远离大多数群体的日常生活。因此，在虚拟的网络化背景下，思想政治教育话语转换要合理利用和借鉴新媒体环境中健康的网络话语，自觉远离那些劣质文化和不良信息，从而实现话语在实践过程中的转换。

新媒体为人类社会带来的诸多便利，贯穿社会的各个方面，作为一种话语体系，网络话语具有灵活性、多样性和丰富性的特点，为话语转换提供了便利条件。网络话语主要是针对年青一代的受教育群体，他们往往以网络语言进行话语交流与表达，运用各种时尚性话语和表情符号进行信息传递，从而使网络话语迅速流行起来，覆盖面广，数量多，这就为思想政治教育的话语转换带来了新鲜血液。然而，网络话语也存在一定的不规范性，一些不良信息或多或少地会影响思想政治教育的话语转换进程。因此，教育工作者要汲取网络话语中的营养，主动借鉴新媒体平台，逐步形成通俗易懂、充满活力和符合受教育群体需求的新话语体系。

由此可见，在新媒体环境的时代背景下，教育工作者要提高思想政治教育话语的实效性，就必须重视网络话语给人们带来的影响，主动吸收健康的优秀的网络话语并合理利用，使教育双方之间建立一种自由、平等的互动关系，正确看待网络话语的积极作用，不断丰富其思想内涵，努力创造新话语，从而促进话语的有效转换。

（三）善用新媒体积极拓展优秀思想政治教育话语资源

与传统媒介相比，新媒体技术具有信息量大、传播便捷迅速、不受时空、地域限制的优势，这就为思想政治教育话语的创新与发展提供了新的生长点。因此，在互联网技术高速运行的时代背景下，要对传统话语采取扬弃的态度，不断充实和完善话语内容，教育工作者要始终秉持继承与扬弃的原则，从而使思想政治教育话语能够在新媒体环境下得到进一步的延伸与发展。

在信息化时代，教育者在传授话语内容的过程中，需要教育双方充分利用新媒体技术，积极拓展国内外优秀话语资源，使我国的思想政治教育话语能从中汲取营养并增添新的思想内涵。随着科学技术的迅猛发展，各国之间的交流与往来日益频繁，进而使各国之间的思想政治教育话语相互碰撞、相互渗透，话语内容和话语方式也随之发生了改变，因此，教育工作者在接受外来话语的过程中，一方面，要以一种开放、包容的心态来对待外来话语资源，这不只是引进来的过程，更是扬弃的过程，教育者要积极吸取优秀的和合理的话语资源，从而不断充实和完善思想政治教育话语内容；另一方面，思想政治教育工作者要尊重各国各民族的文化与话语资源，坚决抵制不利于我国发展的思想政治教育话语内容。

因此，教育工作者要借助新媒体平台，在积极拓展话语资源的过程中，理性地有分别地对待外来话语资源，谨慎地与国际话语接轨并进行适当地整合，同时也要开阔教育双方的新视野，汲取国内外优秀的话语资源，从而提升思想政治教育话语的实效性，实现话语向现代化的有效转换。

三、创新思想政治教育话语方式

（一）建立思想政治教育话语对话方式

在传统的思想政治教育过程中，教育者总是以一种独白说教式的单向灌输化的方式向受教育者传授思想内容，这种话语方式呈现出了僵硬、死板的缺陷。由于教育者长期处于话语主导地位，对话语的表达有绝对的支配权和控制权，从而使受教育者处于一种被动接受的失语状态，这严重阻碍了思想政治教育话语的可持续发展与有效转换，而新型媒介的出现改变了教育者独揽大权的话语状态，使话语方式灵活多样，同时为受教育者提供了话语表达的有效平台，增加了发言的机会。

第一，思想政治教育的教育者要增强话语的对话意识，构建对话式话语，营造互动平等自由的良好话语环境。在话语的传播和转换过程中，教育者要放低姿态，尊重受教育者的话语地位与真实想法，给予受教育者充分的话语表达权。同时，也要在社会实践中不断更新话语理念，与时俱进，用受教育者喜闻乐见的话语表达方式传授教育内容，使教育双方实现真正的对话与交流，从而促进话语的转换。

第二，对话作为一种双向互动的行为，需要教育双方相互理解。教育者要善于倾听和理解受教育者所表达的话语内容，满足他们的心理需求，在平等对话、相互理解的基础上，不断提高话语的实效性。

因此，建立对话式互动方式，一方面，可以改变传统思想政治教育话语方式，有利于消解教育者的话语霸权地位，同时也有助于激发教育双方之间的平等对话与交流，从而提高话语的针对性；另一方面，教育者要充分利用新媒体技术，密切关注社会焦点、热点和思想政治教育的前沿问题，与受教育者展开积极的话语交流与讨论，从而实现话语的可行性转换。

（二）采用浅显易懂的话语方式实现话语通俗化

在普及和宣传话语内容的过程中，教育者要随机应变，不能受以往话语方式的影响，需要对单一话语方式做出改变，在某种程度上要进行话语重构，即教育工作者要不断适应社会的变化，及时更新话语理念，积极转换话语方式，逐步实现思想政治教育话语的大众化、通俗化。原有的思想政治教育，体现的是一种抽象晦涩、咬文嚼字的话语方式，带有很强的理论性和哲学性，而不是运用人民大众喜闻乐见的、浅显易懂的思想观点和通俗话语，从而使传统的思想政治教育话语方式呈现出很大的局限性。这套话语模式不仅禁锢了教育者思维的拓展，而且也难以接受信息时代带来的各种新观念、新概念，同时也使教育者很难及时回应受教育者的心理诉求和真正需求。因此，充分运用新媒体环境带来的有利条件，积极变革和有效转换传统思想政治教育的话语方式，使其向大众化、通俗化的方向延伸和发展，才能促进思想政治教育本质的真正回归。

第一，将理论话语和学术话语转换为现实生活中的日常话语。通俗化话语，就是将难以理解的学理性话语转变成受教育者熟悉的、容易理解的简单话语，用人们日常生活中的语言说话。在传授内容的过程中，将抽象难懂的话语转换为简单易懂的话语，使受教育群体能普遍接受，从而实现理论话语的通俗化，使受教育者掌握思想政治话语内容的真正内涵，浅显易懂的话语更能引起人们心灵上的共鸣，符合大众生活的话语方式。

第二，将精英话语转换为大众话语。在开展思想政治教育工作中，教育者要结合社会大众的生活体验，构建与受教育者生活背景相适应的话语交流方式，使思想政治教育话语更加具体化、普及化。因此，在宣传思想政治教育内容时，教育者多采用人民大众喜闻乐见、直观形象、简单通俗的话语表达方式，这样更能深入人心，促进话语的通俗化。

第三，在信息多元化的新媒体时代，话语方式也发生了很大的变化，由单一的文本符号逐渐转变为集声音、图像、视频、信息为一体的言语符号，这就需要教育者根据时代发展的要求，积极转变教育思维和话语方式，适当运用新鲜词汇和网络话语，逐步增强教育话语的时代性和实践性，从而实现话语通俗化的目的。

四、提高思想政治教育者媒介素养

（一）增强教育者媒介意识，促进话语的时代性

目前，思想政治教育话语体系大多是以思想道德、法制等为主要内容，而很少在思想政治教育话语体系中涵盖媒介素养。随着信息化时代的到来，各种网络话语的兴起，以互联网、数字化为主的新兴媒介正影响着思想政治教育话语内容的更新与发展。因此，思想政治教育工作者应积极转换话语方式、丰富和完善话语内容并及时更新话语理念。此外，教育者还要不断增强媒介意识，运用新媒介积极进行话语创新，才能跟上新媒体时代思想政治教育话语发展的步伐。

第一，教育者要增强自身媒介意识，提升话语针对性。在思想政治教育话语的传授过程中，教育工作者要转换话语理念，将新媒介素养逐步渗透到思想政治教育的话语体系中，为其注入新鲜血液；教育者要积极主动地学习新媒体，使其能够熟练操作和熟练掌握基本的办公软件，提高计算机使用水平，通过微信、微博等工具，与受教育者进行实时的沟通与互动。

第二，教育者要提升媒介素养，加强对媒介信息的分析和处理的能力。面对新媒体环境中复杂的信息，教育者要对信息做出正确的判断与选择，辨别真伪，把握思想政治教育话语信息的风向标，进而为受教育者提供有效的思想政治教育话语内容。

第三，教育者要与时俱进，进一步提高话语创新能力，促进话语的时代性。教育工作者要在批判继承传统思想政治教育话语的基础上，将新媒体环境中的新鲜元素融入思想政治教育的话语体系中。同时，教育者要深入新媒体环境中，科学把握新媒体话语体系，捕捉新媒体中的社会热点事件，实现思想政治教育话语的时代性和有效转换。

总之，在话语的传播和宣传过程中，教育者要重视提高自身的媒介素养，积极主动地与受教育者交换话语信息，利用网络媒介对话语进行合理的宣传，提高话语的实用性，不断优化话语方式，最终促成思想政治教育话语的转换。

（二）运用新媒体思维，推动思想政治教育话语创新

随着人类社会的发展，人们的思想观念和价值选择也发生了巨大的变化，这就导致教

育者在传播和宣传传统的思想政治教育话语内容的过程中出现了诸多问题，因此，教育工作者要合理运用互联网信息时代的话语思维，挖掘话语新题材和新语境，构建科学的思想政治教育话语新体系，以达到话语转换的目的。

第一，教育者要熟悉新媒体话语体系，拓展新的话语语境。网络信息化的快速崛起，给人们带来便利的同时，也让人们面临巨大的挑战，这就要求教育者要从多角度、全方位的全新视角出发，积极应对新媒体给话语发展带来的种种冲击，从而促进思想政治教育话语的转换。因此，教育者要积极主动地“触网”“入微”，密切关注社会与世界发展的最新动态，掌握新媒体技术的基本运行原理和操作技能，把握话语发展的正确方向，树立话语新体系，积极扩展话语新语境，从而有效传播新内容、新观念，推进话语的创新与转换。

第二，运用新媒介整合和提炼话语新素材，推动思想政治教育话语创新。紧跟时代的发展步伐，在新媒体的运用过程中，深入挖掘话语新素材，使其获得新思路、新想法，推进话语的创新。

第三，教育者要明确自身的角色，促进思想政治教育话语的有效转换。在新媒体环境下，教育者要始终处于一种清醒的状态，在教育过程中要明确自己的职责和扮演好自己的角色，坚持正确的价值导向，从而促使思想政治教育话语转换。

总之，要顺利实现思想政治教育的话语转换，一方面，需要教育者时刻关注新媒体的变化与发展，扬长避短，优化话语体系，完善思想话语内容，提升思想政治教育话语的针对性与实效性；另一方面，教育者要运用新媒体思维，始终站在信息化发展的顶端，积极拓展和更新网络话语资源，推陈出新，对新媒体环境下的新话语语境做出改进与调整，从而促进思想政治教育的话语转换。

第四节　新媒体时代思想政治教育话语变革的原则与要素

一、新媒体时代思想政治教育话语变革的基本原则

（一）政治性原则

所谓政治性原则，是指思想政治教育话语创新，要把握好社会主义意识形态性，突出话语的政治性。新媒体时代，由于网络社会的复杂性，思想政治教育必须坚持政治性原

则，不仅不能削弱，反而应当加强。尤其要提高鉴别力、判断力，应对来自网络媒介的干扰，坚定话语立场。在新媒体背景下，面对各种社会思潮和新的理论主张，思想政治教育工作者如果立场不坚定、政治性不强，就容易陷入理论迷茫，也就不能很好地担负起传播思想政治教育话语的重任。另外，要把毛泽东思想、邓小平理论、“三个代表”重要思想、科学发展观、习近平新时代中国特色社会主义思想作为思想政治教育的主导思想和话语内容，同时要坚持不懈地对学生进行中国特色社会主义理论、中国革命、建设和改革开放的历史以及基本国情、形势政策等方面的宣传教育，使学生逐步确立社会主义核心价值观，坚定社会主义理想信念，不断提升自己的政治觉悟和思想境界。

（二）主体性原则

所谓主体性原则，是指思想政治教育话语创新既要巩固教育者的主体地位，同时也要尊重受教育者的主体地位，共同提高对思想政治教育信息和环境的选择、判断、内化和践行的能力。新媒体时代使得学生的独立意识、民主意识、自我意识进一步增强，思想政治教育话语创新必须突出学生的主体地位，尊重学生的网络自主话语权。

（三）人本性原则

所谓人本性原则，是指思想政治教育话语创新要坚持以学生为本，既要坚持教育人、引导人、鼓舞人、鞭策人，又要做到尊重人、理解人、关心人、帮助人。新媒体时代，思想政治教育话语的传播要坚持以人为本，采取平等、自由的对话式话语，站在对方的立场展开置换式思考和沟通。还要通过积极营造融洽的话语言说场景，真诚地尊重、关爱和激励学生，将积极的情感因素融注到思想政治教育话语中去，用实际行动来感动人、说服人、教育人、引导人，从而调动学生内在的积极情感，实现双方有效的交流与沟通。

（四）现实性原则

所谓现实性原则，是指思想政治教育话语创新要坚持从实际出发，贴近实际，服务现实，服务生活，以此作为思想政治教育话语传播的落脚点。贴近现实、服务生活，是思想政治教育话语创新的时代性要求，是思想政治教育话语生存的根基，也是坚持思想政治教育话语现实性原则的深层体现。思想政治教育话语只有贴近现实，从现实出发，才可以帮助人们实现思想认识上的飞跃。同时，思想政治教育话语只有服务现实，在服务现实的过程中经受社会实践的检验，才能真正体现出思想政治教育话语传播的效果，使学生能在这种话语的熏陶中获得更多的对生活的真正感悟。

（五）与时俱进原则

所谓与时俱进原则，是指思想政治教育话语创新要坚持时代性，超越传统话语的束缚，不断创造适合时代需要的新话语。新媒体的快速发展，对思想政治教育话语创新提出了创新需要，这就要求我们要不断与时俱进，通过理论创新推动实践创新，使思想政治教育话语充满生机和活力，更好地发挥思想政治教育话语传播的最大功效。

（六）开放性原则

所谓开放性原则，是指思想政治教育话语创新要坚持以开放性为基本取向，在话语传播方面要立足国内，放眼全球，形成开放的体系。新媒体是开放的，这就要求新媒体背景下思想政治教育话语传播要把握时代脉搏，密切关注网络文化的发展变化，善于从网络话语中汲取新话语，从而丰富思想政治教育话语的内容。同时，思想政治教育工作者要积极探索运用新媒体技术传播思想政治教育话语的新方式和新手段，以增强思想政治教育话语传播的效果。

（七）价值性原则

所谓价值性原则，就是指思想政治教育话语创新要把握时代发展脉搏，体现与时代发展相吻合的价值导向。新媒体所传播的海量信息中，其中有些信息会使学生难以把握，容易产生价值混乱。对此，思想政治教育话语创新必须考虑一定社会主流价值观的导向性，使学生的价值取向符合时代发展的要求。

（八）有效性原则

所谓有效性原则，是指思想政治教育话语创新既要体现专业性，又要符合学生的话语接受方式。一方面，思想政治教育话语与其他话语要有一定的区别和联系，不能用其他学科话语体系来代替；另一方面，思想政治教育话语也要体现时代性，把握学生的话语接受方式，以增强思想政治教育话语的有效性。

（九）统一性原则

所谓统一性原则，是指思想政治教育话语创新，必须坚持体系内部话语的统一性和一致性，应尽量做到协调、统一，减少重复、交叉。在思想政治教育话语传播过程中，只有做到内部一致的话语体系，才能表达统一的内在思想。如果在话语的运用上破坏了统一性原则，表面上看可能很新鲜，但实质上往往会造成话语传播上的混乱和矛盾，很难发挥话语对人的正确引导作用。另外，在属性话语的运用中所发现的新话语，即新话语主词、话语观点或新题材提炼的有应用价值的话语，尽管与原有的思想政治教育理论观点不完全相符，甚至从现象上看是矛盾对立的，但是，随着思想认识的不断统一，这些话语可运用事物发展的对立统一规律加以论证，从而得出思想政治教育新话语。

二、新媒体时代思想政治教育话语变革的基本要素

新媒体时代思想政治教育的话语变革是一项系统工程，需要把握好以下基本要素：

（一）尊重学生的话语权，加强平等对话意识

针对目前思想政治教育话语权的现状，需要切实加强思想政治教育工作者的平等对话意识。

1. 建立新型的平等主体交往关系

新媒体时代，思想政治教育的主客体关系发生以下两个必然性变化：①作为受教育者的学生逐渐通过新媒体掌握了话语的主导权，占据主导地位，成为一种必然；②作为教育者的思想政治教育工作者由传授型的对话关系转变为互动型的对话关系，也成为一种必然。在这种情况下，消除身份、地位的差异，建立新型的平等主体交往关系，不仅是新媒体时代对思想政治教育工作者提出的新要求，同时也是创新思想政治教育话语的迫切需要。只有这样，思想政治教育话语才能真正成为联结教育者与受教育者交往双方的桥梁，教育者才能从一个控制者、支配者转变为一个真诚的对话者。

2. 突出学生的主体地位，尊重学生的网络话语权

思想政治教育工作者要学会充分理解并认同学生的网络话语权，允许他们表达自己的不同思想观点；同时，要通过旗帜鲜明地支持和弘扬正确的思想观点，反对和批评不正确的观点，引导学生理性运用话语权，避免话语权的滥用。

3. 转变话语方式，从控制式和劝导式转向对话式

当前，思想政治教育话语传播方式由控制式、劝导式转向对话式，需要做好以下两个方面：①把对话建立在开放的基础上，开放是相对封闭而言的，只有教育者与受教育者双方都能敞开各自心扉，进行开放式的真诚交流，才能使相互之间达成真正地理解与共识；②展开置换式思考。在教育者与受教育者双方的对话中，教育者既要对学生话语内容的真实性、正确性和真诚性进行反思，也要对自身权威进行反思，在反思基础上通过对话与讨论，为学生提供可资信服的理由，引导和促进他们的自我觉悟与反思，使他们在看到自身与社会要求不相适应的同时，能够主动接受并积极地超越这种不适应。

（二）实现思想政治教育话语向学生生活的回归

1. 在思想政治教育理念上回归生活世界

面向学生以及他们的生活实际，是新媒体时代对思想政治教育话语创新提出的要求。受社会大环境的影响，传统思想政治教育比较偏重于满足社会的即时需要，容易造成追求近期效果、偏离生活实际的倾向。新媒体时代的话语来源现实生活，是与生活世界紧密相连的，尤其是学生在网络上所传播的话语，更是源自他们实际生活的生动写照。为此，思想政治教育话语必须根植于学生的生活世界，更加贴近学生的现实生活，并善于从学生的生活世界中吸纳和选择思想政治教育的话语内容，使思想政治教育话语更加贴近学生的思想实际和生活实际。

2. 在价值取向上关注思想政治教育话语的生活维度

思想政治教育话语应将学生的日常生活作为价值起点，重视日常生活中的价值建构。因为人是生活世界中的主体，思想政治教育话语的传播不能仅仅从政治需要的角度出发，只有真正回到个体生活世界，真正尊重人的生命意义和生命价值，思想政治教育话语的传播才会有价值。同时，思想政治教育话语传播只有以学生的日常生活作为价值起点，努力使思想政治教育话语在价值取向上体现尊重个体的生命体验，并且重视日常生活中的价值建构，才能使思想政治教育话语传播真正起到提升人的思想境界的作用。不过，强调思想政治教育话语回归日常生活世界，并不意味着思想政治教育对日常生活世界的沉沦和妥协，而是一种建立在对日常生活世界有深刻了解、理性反思基础上的有条件的超越。这也正是思想政治教育话语重塑的一种审慎的反思态度，一种有所超越的理性态度。

3. 在话语内容上更加贴近生活世界

（1）善于转化语言。思想政治教育工作者不能简单地做党的方针政策或历史文献的传声筒，应当通过自己的学习理解，转化为适合学生的话语，为他们所乐于接受。

（2）善于从学生生活中提炼新话语，以此作为思想政治教育话语回归学生生活世界的重要内容。

（3）从网络世界中汲取新话语，充实和丰富思想政治教育的话语体系。

（4）关注虚拟化生存。针对新媒体所带来的积极和消极的双重影响，思想政治教育工作者既要为虚拟化生存的规范化提供思想道德文化的支撑，同时，在话语内容上也要恰当而生动地传播中国的传统文化，使学生在新媒体环境下通过网络文本的选择与解读接受规范传递与价值引导。

（三）借鉴网络话语，拓展思想政治教育话语资源

善于借鉴网络话语，不断丰富话语资源，努力创造新话语，是新媒体时代思想政治教育话语生存发展的关键。为此，思想政治教育工作者要充分利用新媒体技术，在积极拓展思想政治教育话语辐射空间的同时，可以借鉴网络中的一些健康、有益、良性的话语，借鉴一些符合学生群体的话语形式和话语内容，以此丰富思想政治教育话语的内容。同时，还要密切关注新媒体文化的发展变化，善于把握时代脉动，了解当今学生的审美取向，分析他们的心理，采用学生常用的话语修辞手法，创造出更多表现时代和事物特征的新鲜话语，实现思想政治教育工作话语的再创造。

（四）通过主动服务增强思想政治教育话语的感召力

1. 坚持人文关怀和心理疏导，增强话语的人文关怀

（1）应从理念上明确思想政治工作实际上是做“人”的工作，必须注重对学生的人文关怀，并把这种关怀融进话语当中。

（2）应充分尊重和理解学生的情感和需求，努力营造温馨舒适的话语氛围，从而使学生真正认同教育者的话语理念，进而内化于心，形成独立的道德人格。

（3）应加强对学生的心理疏导。思想政治教育工作者可在网上开设心理知识宣传栏、心理咨询室、心理门诊室等板块，倾听学生的情绪宣泄，挖掘学生的内在心理需求。通过双向交流，激发学生的心理潜能，缓解学生的焦虑、压力等负面情绪，促进学生健康发展，从而增强自身的感染力和话语权的影响力。

2. 营造话语言说场景，在话语内蕴上融注积极的情感

情感在思想政治教育交往中扮演相当重要的角色，在某种程度上，它可以直接影响到思想政治教育话语传递的效果；同时，由于情感表达和感受的不同，也会造成教育者与受教育者之间的沟通与理解出现障碍，难以达成共识。因而，思想政治教育工作者要积极营造融洽的话语言说场景，将积极的情感因素融注到思想政治教育话语中去，从而调动学生内在的积极情感，实现双方有效的交流与沟通，为思想政治教育话语的顺利传播提供不可或缺的推动力。

3. 发挥学生主体性，加强思想政治教育者的服务意识

确立服务育人的理念，是新媒体时代思想政治教育话语有效传播的着力点。确立这样的理念，它要求思想政治教育工作者必须实现由传达信息到推销自我的转变，真正从学生的立场出发，思考和表达话语，使学生从思想政治教育话语中真切感受到教育者真诚的关

爱与帮助。这种充满关爱的思想政治教育话语，能够增进学生对生命意义与生活价值的理解，提升思想政治教育话语传播的效果，在这一过程中，思想政治教育工作者也才会重塑话语威信。

（五）提高思想政治教育话语的管理水平

1. 媒体间协同作战，形成话语引导的合力

在新媒体时代，校园报刊、广播、电视等传统传媒在信息的权威性、受众的广泛性等方面仍然具有一定的独特优势。在思想政治教育话语传播中，思想政治教育工作者应当借助传统媒体所具有公信力和权威性，多种媒体之间协同作战，以发挥思想政治教育话语引导的合力效应。

2. 建立网上权威的思想政治教育话语体系

（1）正确处理好话语传播中的“疏”与“导”之间的关系。所谓“疏”，就是要把握好动态，实施网上疏导，澄清错误言论，及时公布正面信息；所谓“导”，就是要坚持主动出击，因势利导。只有正确处理好两者之间的关系，始终坚持疏堵结合，引导为主，通过澄清和批驳错误的观点和言论，大力弘扬时代主旋律，才能更好地引导思想政治教育话语传播沿着正确的方向发展。

（2）在学生中积极开展媒介素养教育，重点是增强他们的网络责任意识和自律能力。

（3）建立一支既懂思想政治教育，又懂网络技术和网络文化的队伍，用富有教育性、感染力、学生喜闻乐见的方式引导话语传播，以增强思想政治教育话语传播的影响力。

（4）高度重视网络管理工作，形成一支专兼结合、反应灵敏的网络评论员、管理员队伍。加强网上评论工作，以普通网民、平等方式参与网络讨论，挤压有害信息的传播空间；加强对网络信息技术驾驭能力的培训，提高思想政治教育话语传播的生动性和形象性，增强对学生的吸引力和感染力。与此同时，还要提高网络监控和有效预防能力，不断推进网络建设的规范化健康发展。

3. 积极建设绿色网络载体

门户网站、专业网站、主题网站等，是学生最常用的网络载体，在他们的学习、生活和娱乐中发挥着积极的作用。思想政治教育工作者要遵守网络法规和社会道德，正确使用网络载体，共同维护网络载体。加强技术创新，推出科技含量高、使用便捷性强和适合青年学生特点的绿色网络载体。

4. 营造绿色网络场所

对于网络话语的存在形态，如发跟帖、论坛、博客、视频等的管理，倡导网络文明公

约，安装合格的过滤软件，防止不良信息对青年学生的伤害，建设有利于青年学生的上网场所。制定规范和标准，推出促进青年学生成长发展的绿色网络场所。开展多种形式的网络竞赛活动，发现并积极举荐各类青年网络人才，培养更多的绿色网络人才。

（六）提升思想政治教育工作者素质，增强话语创新能力

提升媒介素养，驾驭新媒体技术，是新媒体时代对思想政治教育工作者提出的迫切要求。所谓媒介素养是指公众接触、解读、使用媒介的素质和修养，包括以下三个环节：①接触媒介、获取信息；②解读媒介、批判地接受媒介信息；③利用媒介工作和生活，通过媒介发出声音并维护自己的利益。思想政治教育工作者媒介素养的提升，主要反映在以下两方面：

1. 具有驾驭新媒体技术的能力

思想政治教育工作者要通过学习培训，熟悉网络文化和网络语言，熟练掌握新媒体的使用技术和操作技巧，只有这样才能够与学生群体建立信息上的沟通和交流，从而实现有效的语言表达形式对传递教育信息的帮助，取得思想政治教育话语传播的效果。

2. 增强思想政治教育话语的创新意识

思想政治教育工作者要积极探索话语创新规律，扩大语汇范围，以构筑一种适应新媒体时代要求的全新的话语体系。同时，为适应思想政治教育话语的创新需要，要求思想政治教育队伍建设，既具有较高思想政治理论素养、熟悉学生成长规律、熟悉思想政治教育基本规律，同时又能精通和熟练掌握新媒体技术。只有这样，才能更好地发挥在思想政治教育话语传播中的主导作用，重建起自己的有效话语。

（七）坚持创新发展，构建思想政治教育新话语体系

当前，推进思想政治教育话语的创新发展，应着力做好以下三方面工作：

1. 加强理论研究

随着新媒体对社会的影响不断深入，新媒体必然会给思想政治教育工作者带来更多更新的课题。对思想政治教育工作者来说，首先，加强对新媒体理论的研究，从理论与实际的结合上弄清楚新媒体的特征、规律和影响，加深和强化对新媒体的理解和运用；其次，加强新媒体对学生影响的研究，以激活思想政治教育话语系统，开辟新媒体时代思想政治教育话语传播的新路径；最后，加强对思想政治教育话语内容的创新研究，通过对思想政治教育的言论和素材的归纳提炼，形成理性化、通俗化和生活化的思想政治教育新话语，构建思想政治教育话语新体系。

2. 加强思想政治教育话语整合

加强思想政治教育话语整合，是构建思想政治教育新话语体系的当务之急。从当前思想政治教育话语整合乏力的现状来看，需要着力加强以下两种整合：

（1）加强网络话语与思想政治教育话语的整合。网络话语生动形象、富有个性化和时代感，学生比较认同和接受；相比较，思想政治教育话语严谨、规范富有逻辑性，思想政治教育工作者应当将两者有机整合，使思想政治教育话语的传播更有成效。

（2）加强实践话语与研究话语的整合。实践话语一般来说带有经验性，优点是比较务实、管用，缺点是比较具体、琐碎，无法形成具有影响力的话语体系；研究话语，注重学理化的演绎和抽象，话语具有思辨性，缺点是容易忽视思想政治教育的实践性。思想政治教育工作者应当将两者有机整合起来，使它们相互补充，互相作用，共同推进思想政治教育话语的传播。

3. 加强话语系统的协调性

（1）加强教育者与受教育者话语系统的协调融合。当前，由于话语系统权力主体话语信息重叠率较低，语境严重影响到思想政治教育话语传播的效果。因此，应加强教育者与受教育者话语系统在认知基础、价值取向和目的设计等方面的协调融合，不断消除双方在话语系统中信息传递和交会的阻力，积极寻找和促成教育者和受教育者实现话语系统融合的途径。

（2）加强教育话语与教育环境的协调融合。新媒体所传播信息的多元化，带来了人们价值、信仰与利益的多元乃至相互之间的冲突，因此，思想政治教育话语传播不可能脱离这个大的教育环境，它的传播必然会受制于这个特定语境。而在这一过程中，思想政治教育工作者必须加强教育话语与教育环境的协调融合，努力实现主流话语与非主流话语的协调，传统话语与现代话语、后现代话语的协调，文本话语与网络话语的协调，全球化话语与地方性、民族性话语的协调。

总之，提出加强话语系统的协调性，具有极为重要的现实意义。思想政治教育话语系统必须适应新媒体时代的要求，主动进行话语创新，尤其是通过话语内容方面的创新，努力实现从偏重政治和意识形态话题向政治、经济、文化、社会与个人生活并重转变，不断拓宽思想政治教育话语传播的渠道，从而形成以科学的“真”为基础、以人文的“善”为内涵、以艺术的“美”为形式、以技术的“实”为手段的新话语系统。

第四章
新媒体时代思想政治教育的内容拓展

第一节　新媒体时代思想政治教育的网络媒介素养

“大学生网络素养作为高校思想政治教育的有效补充，是时代高校立德树人的重要内容。”① 大学生网络媒介素养是指大学生在参与网络活动的过程中，能结合自身网络知识和技能基础，理性判断、合理选择媒介信息，自觉遵守法律法规与道德规范并主动约束自身网络行为，积极提高对网络信息的利用效率和自身能力，让网络资源不断为自身服务，从而发展自我。

思想政治教育是社会或社会群体用一定的思想观念、政治观点、道德规范对其社会成员施加有目的、有计划、有组织的影响，使他们形成符合一定社会、一定阶级所需的思想品德的社会实践活动。思想政治教育视域下的大学生网络媒介素养是指在日常教育过程中运用思想政治教育内容、原理、方法，有策略、指向性地对大学生网络观念与行为进行干预，帮助大学生充实自身网络知识与技能储备，增强网络信息鉴别批判能力，树立正确的网络道德法律意识与价值观念，自觉自律规范网络行为，实现合理、高效地使用网络媒介与信息资源，助力大学生全面发展。

一、大学生网络媒介素养构成要素

（一）网络媒介认知素养

大学生对于网络媒介认知程度的高低，在一定程度上影响和决定了网络媒介对于其自身发展的作用与价值的大小，大学生对于网络媒介的认知越深刻、操作越熟练，网络媒介发挥的价值与作用越大。大学生参与网络活动，必须具备网络媒介认知素养，这是实现其

① 戈园园．大学生网络素养教育内容、载体及机制研究［J］．大众文艺，2022（20）：133.

他能力与目标的重要基础。网络媒介认知素养，就是要求大学生对网络媒介具有清晰的总体认知。一方面，大学生要具备基本的网络媒介知识，包括网络媒介的具体内涵与常见形式、网络媒介的发展历程与运营机制以及网络媒介的主要特征与基本功能等；另一方面，大学生也要具备网络媒介基本操作能力，包括信息检索与分析、APP 安装与使用、资源编辑与应用等。网络媒介不同于传统媒介，大学生必须了解和掌握基本的知识与技能，才能在网络传播环境中占据主动优势，提高资源利用效率，促进自我发展。

（二）网络媒介情感素养

网络媒介情感指向大学生的精神世界，它是大学生网络参与的重要动力因素，直接影响着大学生网络实践的投入、过程与效果，对大学生的网络认知与行为具有调节控制作用。网络媒介情感素养属于大学生网络媒介素养的情意维度，其内涵包括网络道德观念与网络价值观念两大层面，时刻影响着大学生对于网络世界中的人物、事物以及各种活动的判断与选择。道德与价值是人类社会特有的意识形态，网络道德与价值观念则是互联网时代高速发展背景下的特殊产物。网络道德观念是现实社会背景下规范网民行为、判断是非善恶的标准，是正确处理、调节网络社会关系和秩序的准则；网络价值观念则是大学生对于网络现象、网络事件、网络行为乃至网络文化的意义、作用、重要性的总体评价和看法。大学生群体的网络媒介情感是驱使其参与网络实践的内部动力和行为指针，大学生网络媒介情感素养状况均会通过他们日常的网络行为取向及对网络事物的评价与态度反映出来。

（三）网络媒介行为素养

竖屏时代的到来颠覆了 Web1.0 时代网络信息的单向传播模式，使得每个人都能随时随地交流观点看法、分享生活动态，网络世界与现实世界之间的联系也因此变得愈加紧密，二者之间的界限也变得越发模糊。作为网络使用的核心群体之一，网络世界对于大学生而言在一定程度上也成为现实世界的延伸，是他们现实生活中难以缺少的一部分，甚至成为部分大学生的情感与精神寄托。他们习惯于通过微博、微信、QQ 上传和分享自己的所见所闻和所思所想，也会把在现实生活中难以表达和宣泄的情感写成文字发表在朋友圈、贴吧、知乎或者论坛，言行失范、失德甚至违法问题也就难以避免。但是，无论是网络世界还是现实世界，都存在严格的道德标准与法律规范，大学生必须对自身的网络行为有清楚的认知，学会在道德和法律的规范之下参与网络实践，自觉管理约束自身言行，做到诚信、自律、守法，积极提升个人网络媒介行为素养。

（四）网络媒介创生素养

网络媒介创生素养是指大学生能够基于自身丰富的网络知识和熟练的操作技能，有效利用网络媒介为个人学习发展服务，以解决现实问题、丰富知识阅历、增长技能才干，与时俱进主动适应网络社会发展，并能通过自身努力创造革新现有网络资源。大学生的网络媒介创生素养以认知素养为基础，形成和发展于网络实践活动之中，而大学生的创生素养又是提升网络实践活动质量的关键。网络世界的复杂性与流动性，对大学生的创生能力提出了更高的要求，大学生活跃在网络空间需要不断培养自身的观察能力、学习能力、思考能力以及创新能力，积极生产或创作一些高质量的网络作品，主动跟随互联网大时代的发展趋势，适应网络发展对于高质量人才的需求，并通过持续不断地创新实践完成自身对于网络世界的意义建构。

二、思想政治教育与大学生网络媒介素养培育的联系

（一）原则的相通性

第一，思想政治教育是以人为中心，以人为目的的活动。无论是思想政治教育工作的主体与客体，还是出发点与落脚点，均离不开人。以人为本是思想政治教育必须坚持的重要原则。而在互联网信息技术迅速发展过程中，大学生主体意识形态的快速发展推动了网络媒介素养培育中新型主客体关系的形成，其自身主体性也进一步得到凸显，因此，网络媒介素养培育必须坚持以人为本的主体性原则，满足大学生的发展需求，鼓励大学生发挥主体能动性。

第二，在实践性方面，思想政治教育的直接目的在于能够使受教育者认同和接受教育目的与要求，并付之于行动，努力以实践深化理论认知，最终实现知行合一。网络媒介素养培育目标的实现，也需要通过实践展开和巩固，通过实践性与体验式教学帮助学生完成网络媒介素养认知与发展。比如，网络角色虚拟实践、网络社会组织考察、网络舆情处置演练，将大学生置于具体网络情境之中，加速理论教学的实践转化。

第三，关于思想政治教育与网络媒介素养培育的前瞻性问题。当前，网络世界瞬息万变，网络的开放性和包容性使得无数大学生投身其中并乐此不疲，无论是思想政治教育还是网络媒介素养培育，都需要充分认知和了解当前网络技术的特点与未来发展趋势，要以发展的眼光对未来学科与教学发展进行预判，既要立足现实，也要超越现实，未雨绸缪、高瞻远瞩，以前瞻性思想引导教育教学发展，为大学生的健康成长保驾护航。

（二）内容的相关性

思想政治教育内容是为了达到一定的教育目标，教育者向受教育者传授、讲解的知识、理论、观点，是教育者与受教育者联系与转化的中介。其主要依据社会发展、时代要求与人民需要进行确定，具体包括了人的三观、基本国情、形势与政策、公民道德以及民主法治教育等一系列内容。同样，网络媒介素养培育也需要教育者通过一定的教学手段向受教育者传递特定的教育内容，帮助受教育者巩固提升外在实践技能和内在理论修养。根据网络媒介素养的内涵与要素，可以确定的是网络媒介素养培育内容需要与本国国情紧密结合，与社会主流意识形态深度融合，与道德规范法律法规高度整合，方能实现培育目标，提升人才能力素质。因此，思想政治教育与网络媒介素养培育二者在教育内容方面存在一定程度的关联与重合，这也是二者融合发展的重要基石。

（三）目标的相似性

思想政治教育目标是社会个体在思想政治品德方面的质量和规格的总的设想，是时代对受教育者的要求。在我国，思想政治教育的根本目标就是促进人的全面发展，这既反映了思想政治教育的性质和任务，也体现了党和国家教育方针的总体要求。人是社会的产物，需要通过社会实践才能获得自我提升与发展，自身内在素养的提升是实现全面发展的必要前提。网络时代，大学生的主体意识、自由意识和权利意识均得到较大提高，但同时也对大学生自身的能力素质提出了更高的要求。抵制和消除网络环境的负面影响，提升大学生网络媒介使用能力与素养，助力大学生全面成长发展，也是网络媒介素养培育的最终目标。可见，促进人的全面发展是思想政治教育与网络媒介素养培育的共同目标。

三、思想政治教育下大学生网络媒介素养培育的必要性

（一）促进新时代大学生全面发展的必然需要

未来社会发展需要大量高素质人才，大学生是十分宝贵的人才资源，是民族的希望，国家的未来。在思想政治教育视域下加强和改进大学生网络媒介素养培育，提高他们的思想政治素质与网络媒介素养，将其培养成为中国特色社会主义事业的合格建设者与接班人，对于深入实施科教兴国与人才强国战略，推进社会主义现代化，确保国家在激烈的国际竞争中始终占据优势地位，具有深远和重大的战略意义。

大学生求知欲旺、探索欲强，具有追求自由独立、摆脱权威约束的一面，这些既是青

年大学生的个性特征，也是其追求积极上进、敢于大胆创新的重要基础。但是，大学生缺少社会生活的挫折与历练，不具有完备的社会经验和技能，其自身发展自然存在较多局限性，需要通过更为系统的素质教育，将符合社会要求的价值取向、道德规范、法律法规等知识化为其自身的内在要求。因此，结合网络时代背景，针对青年大学生的性格特点与实际发展情况，加强网络媒介素养培育，是保障青年大学生顺利成长、全面发展的必要环节。

（二）优化高校思想政治教育效果的必然诉求

网络媒介是现代科技发展的产物，它同其他科学技术一样，在发挥积极作用的同时自然也伴随着消极影响。

一方面，网络媒介是一个包罗万象的大千世界，从工作、娱乐、教育，到购物、美食、科技，再到暴力、诈骗、色情，这些纷繁芜杂的信息常常混在一起，并通过网络媒介大肆传播。对于部分社会人群而言，尤其是青年大学生，社会经验缺乏，辨别能力有限，容易受到不良信息或错误信息的影响甚至沉迷其中，形成先入为主的错误观念，给思想政治教育工作的开展造成思想障碍。同时，一些别有用心的人还利用网络媒介传播错误思想，随意进行谩骂攻击、造谣传谣，制造思想混乱，扰乱社会秩序，危害社会稳定，导致部分大学生认知出现偏差、理想信念动摇、道德法律意识弱化、网络言行失范，这些问题的存在无疑都是对高校思想政治教育工作的挑战。

另一方面，网络信息的庞杂造成了受众的信息压力与选择困难，大学生在接触和使用过程中如果没有一个正确且坚定的价值标准，可能就会陷入极其被动的境地，在海量信息的围堵下丧失主体能动性，出现信息获取和选择障碍，乃至信息选择失当与错误，这些都将影响思想政治教育的实际效果。

要解决这些问题，破除消极影响，必须从大学生网络媒介素养培育入手。强化网络媒介素养培育虽不能解决全盘问题，但不可否认，网络媒介素养的缺失是产生上述问题的重要原因之一。网络媒介素养培育以网络媒介资源作为教育素材与基础，通过对网络信息的解构分析，对大学生进行策略性、指向性的教育，从而使其形成较为完备的网络媒介素养。这一过程是以促进大学生自我学习、自我发展、自我完善为最终目的，其本身蕴含着思想政治教育功能，将提升高校思想政治教育实效性。从这个角度看，帮助大学生提高正确认识与合理使用网络媒介的能力有助于优化高校思想政治教育效果。

（三）推动国家网信事业健康发展的必然要求

大学生作为当前受教育程度最高、最为活跃的网络核心群体，其网络媒介素养水平在很大程度上反映了一个国家的互联网发展水平，同时也会对后者的发展进程产生显著影响。

在网络信息技术迅速发展的当下，网络媒介素养被赋予更加丰富的内涵，尤其是在我国规范公民网络行为的法律法规日益完善的情况下，能否自觉遵守网络法律法规成为评价个人网络媒介素养的重要标准之一。对于大部分互联网科技公司而言，文明规范的网络环境也是公司和行业发展的基础保障，但个人信息泄露、网络虚假新闻等问题的频繁发生，却在很大程度上提高了网络产品的技术研发成本，而类似的情况还有很多。此外，在人人都是媒体，人人都是记者的自媒体时代，良好网络环境的建设与维护不能仅依靠媒体平台或政府部门监管，而是需要每一位网民积极参与，尤其是代表未来社会发展趋势的大学生，自觉提高个人网络媒介素养，形成网络治理合力，共同努力打造风清气正的网络生态环境。因此可以说，大学生网络媒介素养水平的整体提升能为互联网发展提供和谐稳定的环境，有助于推动我国网信事业的健康发展。

四、思想政治教育下大学生网络媒介素养培育路径

（一）充分发挥网络媒介素养培育主观能动性

1. 培养较强的网络媒介思辨能力

由于国内中小学媒介素养教育起步晚，且相对滞后，绝大部分大学生的媒介知识大多都是在日常与媒介的接触中自发习得，并未经过系统专业的理论知识学习和培训，整体处于低层次水平。不仅对信息的生产传播形式和具体内容缺乏正确的判断和评价，也对各类媒介的属性与本质缺乏足够的了解，更难以做到将媒介资源去粗取精、为己所用。因此，大学阶段就成为大学生弥补自身网络媒介知识匮乏，促进网络媒介素养提升的关键阶段。作为网络媒介素养培育实践的主体之一，大学生必须积极发挥自身主观能动性，通过主动学习相关专业知识，来培养和提升自己对于网络媒介信息的思辨与运用能力。在当前高校网络媒介素养课程资源普遍不充裕的背景下，大学生要充分利用校内校外资源，多途径、多形式、多载体开展媒介知识学习。

（1）高校图书馆拥有十分丰富的书籍资源，大学生可以通过借阅相关专业书籍自主学习媒介知识，在阅读中构建系统完备的媒介知识体系，丰富自身媒介知识储备，例如，《大学生媒介文化素养概论》《媒介素养教程》《媒介批评》等书籍，都可以帮助大学生提升个人媒介知识水平。

（2）网络慕课和微课为大学生在课余时间学习补充媒介知识提供了相对便利的渠道。相比于书本，慕课与微课目标明确、针对性强，能够帮助大学生在较短的时间内高效率地

完成对某个知识点学习和掌握。当前，各大网媒平台均拥有丰富的网络课程资源，以学习强国 APP 为例，其慕课资源涵盖了社会法律、理工农医、人文史哲、政治经济等多个领域，大学生可以有选择性地观看学习媒介素养相关课程。

（3）高校校园丰富多彩的实践活动也是大学生提高自身媒介素养的重要平台。大学生可以通过积极参与校园网络知识竞赛、微电影比赛、辩论赛等活动，在实践中学习、深化和巩固所学媒介知识。

2. 树立正确的网络媒介道德价值

互联网的不断普及和发展，对人们的生活方式和思维观念产生了诸多影响，大学生作为核心网民群体自然首当其冲。但大学生社会经验缺乏，自我约束能力不足，思维方式和价值观念尚未完全成形，面对真伪难辨的网络不良信息，难免不会受其污染，还有不少大学生被网游、网恋、网贷所迷惑，导致网络成瘾甚至违法犯罪。大学生一旦沉溺网络不能自拔，不仅耽误学业、浪费青春，更是愧对父母、一生遗憾。只有树立正确网络媒介道德价值，提高自身抵抗力，才能有效抑制网络媒介给大学生学习生活造成的消极影响。为此，大学生必须加强自我理想信念教育，筑牢网络媒介道德价值的信仰基础。

（1）大学生应重视理论学习。大学生在学好专业基础知识的同时，也要借助思政课堂，认真学习并掌握思想政治理论知识，要学会用马克思主义的基本立场、基本观点与基本方法观察思考社会现象与问题，以社会主义道德价值标准规范自身思想与言行，不断在理论学习中坚定中国特色社会主义理想信念。

（2）大学生要积极投身实践。大学生要想更好地了解世界、认识社会、理解人生就不能脱离社会实践，社会实践既是大学生开展自我教育的重要途径，也是内化理想信念的根本依据和关键环节。作为在校学生，学校组织承办的各类社会实践活动是大学生发挥才智、提升能力、巩固理想信念的最现实途径，例如，暑期“三下乡”社会实践活动，大学生在参与过程中不仅可以锻炼提升自身实践工作能力，还可以基于自身的网络媒介技术优势，充分发挥网络媒体在活动纪实和宣传推广方面的作用，既能在实践中内化理想信念，也能在实践中培养积极正确的网络媒介道德价值观念，构筑起防范错误道德价值观念的防火墙。

3. 养成良好的网络媒介行为习惯

法治意识是人们在现实生活中逐渐形成的一种自觉价值认同，就像意识对物质具有能动的反作用一样，法治意识也对人们的日常言行具有反作用，它深刻影响着人们思想行为方式。网络社会的虚拟性和高度自由化使得大学生在接触和使用过程中产生了认知偏差，网络法治观念极其淡薄。在此情况下，要提升大学生的网络媒介素养，就必须从增强大学生自身法治意识做起，通过个体法治意识的提升来塑造群体良好的行为习惯，帮助大学生成为有纪律、有文化的好网民。因此，大学生应主动培养自身网络法治意识，自觉做到以下三方面：

（1）有效合理地安排上网时间，锻炼自身网络定力，不过分沉溺于虚拟世界。可以考虑以班级或寝室为单位，组织成立网络自律小组或自律委员会，在参考网络法律法规具体规定的基础上，制定每日用网制度规范，通过内部监督，严格控制成员上网时长、内容以及行为，逐步实现大学生网络媒介行为标准化、规范化。

（2）不暴力、不低俗，以自身法治素养为社会和谐做出合理的贡献。不仅要坚持做到非礼勿视、非礼勿传，对于网络中层出不穷的各类不良信息、虚假信息和违法信息，大学生应合理利用网媒平台提供的监督举报渠道，坚决遏制其传播发展，维护健康网络环境生态。

（3）网络交往坦诚相待，主动加强网络诚信，减少网络行为失范。大学生应自觉树立网络慎独意识，严格遵守网络法律法规，划定自身网络行为红线，在合理范围内开展网络实践交往活动，进一步提升自身网络和谐生存发展能力。

（二）拓宽学校大学生网络媒介素养培育渠道

1. 加强网络媒介素养教学活动与社会实践结合

课堂教学与社会实践是高校思想政治教育过程中密切相关的两个重要环节。如果说课堂教学是主阵地，社会实践则是课堂教学的延伸，两者相辅相成、互相促进，共同发挥育人功能。大学生网络媒介素养培育作为素质教育，实践能力培养是其主要目标之一，在课堂教学之外，高校还应充分利用校园内外的教育资源，引导大学生在实践活动中提高自身网络媒介素养。

（1）完善思想政治课程网络媒介素养教育内容，强化实践育人取向

第一，进一步丰富思政课的网络媒介素养教育内容。思政课应在教材现有内容基础之上扩充网络媒介基本认知与使用技巧、网络媒介道德与法律、网络媒介行为管理、网络媒介生活创新发展等多个方面的相关内容，这是提升大学生网络媒介素养的最直接、最有效的方法和途径。

第二，加强思政课网络媒介素养实践教学。教师可以通过指导学生创作与思政课教学内容密切相关的网络海报、网络短视频、网络音乐作品等，并将学生网络媒介创作成果纳入课程考核评价体系，深化健全思政课程实践育人机制，实现思政课堂教学与网络媒介素养培育实践的深度融合。

（2）发挥校园网络媒体资源的作用。积极运用微信公众号、校园服务客户端、官方微

博、新闻网站等校内网络媒体平台对大学生进行知识技能教育与引导，让大学生亲身参与到校园网络媒体的日常运营管理工作当中，在实践中进一步深化大学生对于网络媒介知识、使用技能、社会功能以及本质特性的认知，提升大学生对于网络信息的接受理解、思考辨别、批判评价与综合运用能力。

（3）高效利用校外媒体资源创造条件。加强与社会媒体的联系，积极邀请网络平台运维管理人员走进高校，与学生面对面交流、手把手教学，增加大学生对网络媒介的感性认识，拓宽大学生的网络媒介视野。同时，高校还可以与校外网络平台建立合作关系，共同设立校外网络媒介实践平台，让学生走出校园，亲自参与到网络信息的生产、加工、传播过程当中，切实了解网络媒介的运营机制和运作规律，进一步消除大学生对网络世界的崇拜和神秘感。

2. 促进网络媒介素养理论研究与教育水平提升

大学生网络媒介素养培育是操作性很强的教育实践活动，高校思想政治教育工作者必须重视对大学生网络媒介素养培育的理论研究，丰富相关理论研究成果，以科学的理论指导大学生网络媒介素养培育实践，在实践中逐步提升自身教育水平，创新大学生网络媒介素养培育内容、形式、方法，最大限度提升培育实效。

（1）全方位强化网络媒介素养培育理论研究

第一，加强基础理论研究。高校思政工作者要对大学生网络媒介素养培育的历史发展、理论基础、基本内涵、构成要素、现实意义等问题进行深入研究和发掘，为其他理论研究的展开提供基本的理论指导。

第二，做好应用理论研究。高校思政工作者要紧紧围绕大学生网络媒介素养培育实践，通过定量调查与定性分析客观评价现状，包括取得的成效和存在的问题，以此总结经验教训，深入分析问题产生的根本原因，找到解决的方法和策略，从而在实际操作层面为大学生网络媒介素养培育实践提供理论和方法指导。

第三，紧抓方法理论研究。方法论为人们正确认识事物、评价事物和改造事物指明方向。高校思政工作者要对大学生网络媒介素养培育的基本原则、实现路径、方法策略等问题展开深入研究，并借鉴国内外相关研究成果为我所用，丰富大学生网络媒介素养培育方法论。

（2）多渠道提升思想政治工作队伍教育水平。当今互联网技术发展日新月异，如果高校思政工作者仍停留在传统的思想政治教育观念当中，不去主动学习，就赶不上时代前进的步伐，也难以适应大学生网络媒介素养培育的现实需求。

第一，高校思政工作者必须注重提升自身网络媒介素养，将个人自学与组织培训相结合，实践操作与理论学习相结合。

第二，高校有必要将思政工作队伍网络媒介素养提升列入人才培养规划。高校应健全思政工作队伍网络媒介素养发展组织体系，推动思政工作者了解新兴网络媒介特点，熟练掌握热门网络应用的操作技巧、积极与大学生开展网络交流沟通，并紧密结合网络媒介技术特征，有针对性地提升思政工作队伍的“4C”能力，即内容设置（Content）、数据挖掘（Compute）、情报获取（Capture）和沟通交互（Communicate）。通过有目的、有计划的系统性培训，锻造一批高水平网络媒介素养教育理论学者、网络实践创新能手、网络教学创新达人，只有保证思政队伍质量，才能切实提升教育水平。

3. 强化网络媒介素养舆论环境与文化氛围营造

舆论环境具有一种心理制约和行为规范的力量，长期生活在特定的舆论环境之下，受教者自身的思想与行为将会被逐渐规范和教化。建立积极健康的校园网络舆论环境，对于引导大学生规范自身网络言行，提高自身网络媒介素养具有正面意义。在此基础之上，还要做好校园网络文化氛围的营造工作，校园网是大学生思想交流的主要园地，校园网络文化自然与大学生日常生活息息相关，其所拥有的即时性、开放性、交互性特点，在知识传递、视野拓宽、学习交流以及网络媒介素养培育等方面发挥着积极作用。为此，高校思政工作须统筹做好校园网络舆论环境建设与校园网络文化氛围的营造工作。

（1）全天候抓好校园网络信息监管工作。高校可以成立专门的网络信息管理部门做好校园网络监管与网络舆情分析，便于及时对涉及本校的网络舆情进行监测，制定相对应的处理措施。具体来说，可以由教师和学生骨干共同组建网络信息监测队伍，对校园网进行全天候巡查和管理。例如，对校园秘密墙上的热点问题进行及时捕捉和反馈，对于不符合事实和可能造成不良影响的信息进行澄清并做出正确引导；对校园网发布的信息要建立审核把关、管理监控机制，对校内各级媒体的公告、活动信息均应实行审查式发布，包括网络链接也应逐一检查；落实网络信息发布主体责任，大力传播符合社会主义核心价值观的主流文化和思想观念，传播主旋律、正能量，遏制不良信息和外来思潮对大学生的腐蚀，净化校园网络舆论环境。

（2）多策略打造健康校园网络文化环境。加强校园网络文化建设，营造健康积极的网络文化氛围，对大学生的意识形态塑造以及行为方式养成，增强网络媒介素养培育的实效性与针对性具有重要的现实意义。

第一，高校要以思政教育专题网站和主题网页为核心，依托自身丰富媒介资源，打造涵盖高校思政新闻、党建团建、红色文化、实践教学等多板块的校园全媒体传播矩阵。坚持共享性、全面性、开放性原则，以更广阔的国际视野、更独特的问题视角、更便捷的交互功能和更新颖的传播形式，增强校园思政网络文化活力与吸引力。

第二，以新媒体技术为支撑，打造大学生喜闻乐见、充满青春正能量的校园网络文化作品。坚持作品的严肃性和活泼性相结合，多样性和时代性相结合，积极创作反映我党伟大奋斗历史、国家发展成就、学校文化底蕴、青年砥砺奋进等内容的优秀网络文化作品，激励学生努力成长成才，建功新时代。

第三，以网络文化活动为辅助，高校学生社团组织开展的活动内容丰富多样，能够有效调动大学生参与热情，是大学生网络媒介素养培育的重要实践平台。高校应利用学生社团组织开展各种网络文化活动，比如，网页设计大赛、APP 创新设计大赛、网络短视频创作大赛等，同时，将大学生普遍关注的网络热点融入活动内容之中，有效引导大学生接触、了解网络信息生产传播规律与特性，高效推动大学生网络媒介素养提升。

（三）创设大学生网络媒介素养培育良好环境

1. 大力加强网络行为的规范和自律

网络信息的传播离不开媒体的参与，一定程度上，媒体的行为取向对社会网络环境以及舆论的发展走向具有重要影响，自然也将直接影响大学生网络媒介素养培育的社会环境。由于当前国内传媒领域的政策法规尚不完善，且立法本身也存在一定滞后性，导致对媒体的他律效果稍显不足，正因如此，媒体的行业自律就显得尤为重要。大力加强媒体行业网络行为规范与自律，既是促进行业自身规范发展的实际需要，也是广大媒体从业人员勇于担当社会责任的必然要求。

（1）培养提升媒体从业人员的网络媒介素养，加强职业道德建设。网络自媒体时代的到来，使得公众进入媒体行业的门槛大大降低，但也造成了媒体从业者素质良莠不齐，内容质量混乱不堪，媒体公信力下降等问题。面对种种行业乱象，固然可以从市场等方面找到客观原因，但媒体行业如果想要做到真正自律，必须从主观层面入手，切实提升媒体本身及其从业人员自身的网络媒介素养以及职业道德素质。

第一，媒体从业人员要强化政治理论学习，自觉树立人民至上的传播理念和道德价值观念，坚持以政治正确为前提从事网络信息生产传播活动，这是新时代媒体蓬勃发展的情感基础和共性要求。

第二，媒体从业人员要强化专业理论学习，通过专业知识书籍、网络公开课、培训讲座，积极培育自身网络媒介素养和法治意识，增强文化修养，自觉规范行为，严守道德底线，紧跟智能网络时代发展步伐，依法依德做好网络信息内容选材、编辑和传播等工作。

（2）持续强化媒体行业自律与自治组织建设，完善内部监督管理。我国网络媒体的自律与自治实践探索基本与西方发达国家同步。时至今日，国内各级各类媒体行业协会、联盟、理事会都取得了不错的成效，影响范围小至区县大至全国，他们在组织管理、引导服务以及推动行业自律发展方面发挥了重要作用。但在具体实践过程中，媒体行业自律建设又高度依赖于行政和法治力量推进，致使国内媒体行业自治组织大部分具有明显的官办性质，并且缺乏对企业和个人强有力的处罚制约手段，整体作用十分有限。因此，必须进一步强化媒体行业自律与自治组织建设，结合社会组织与行政部门脱钩改革，转变行业自治组织的官办色彩，限制行政权力干预。同时，还应建立多层次、多领域的行业自律与自治组织，提高行业协会、联盟、理事会的监管惩处自主权，赋予行业自治组织以独立地位和自主空间，培育其自我完善、自我监督和自我约束能力，这对完善我国媒体行业自律机制具有重要的现实意义。

2. 持续推进信息技术的优化与完善

在网络信息规模持续快速扩张，平台技术竞争日益激烈的时代背景下，单纯依靠道德自治与法律规制把关，仍难以将形式多变的不良信息阻挡在大学生的网络生活之外。在现有基础上进一步优化和完善网络信息技术，最大限度规避信息技术发展缺陷，以打击遏制不良网络信息，是保障整个网络空间健康有序运转的重要手段。

（1）持续完善审核制度，做好信息把关人。目前，国内各大网媒平台均建立了一套属于自己的信息发布审核机制，其中，相对主流的搭配是以机器识别为主，人工审核为辅。机器能够对低俗、敏感词汇、假新闻以及黑稿进行过滤，而对于机器无法识别的信息将会交由平台工作人员进行二次复审，最终确定信息是否能够过审。但面对千奇百怪的网络信息内容，机器识别不可能做到完全精确过滤，这为部分别有用心的人利用平台审核机制缺陷和漏洞发布不良信息提供了可乘之机。因此，网媒平台需要继续加强网络信息技术研究，通过改良机器算法、加强人工审核、提高平台巡查强度，进一步改进和完善信息审核监管机制。

（2）优化算法推荐机制，破除信息茧房。信息茧房的最终形成高度依赖网媒平台绘制的用户画像与BD算法推荐机制，所以，必须从技术层面入手优化平台算法逻辑完善推荐机制，限制单一类型信息浏览上限，主动引导或提示用户阅读其他类别的网络信息，减缓或阻止信息茧房生成。为此，算法优化必须坚持以人为本，在对照用户喜好进行兴趣推荐的同时，也要强化用户情绪感知和自由探索，克服简单机械化推荐的弊端。

3. 不断完善制度监管的支撑和保障

网络世界的开放性、虚拟性、隐蔽性、自由性等特点，为一些网络不当言行提供了生存空间。就网络时代发展趋势而言，要维护良好的网络秩序，为大学生网络媒介素养培育创造良好的网络环境，既需要加强媒体行业自律、内部监督巡查与信息技术优化，更需要政府施加强有力的外部监管，其中法律法规的制定与严格执行是政府监管的核心手段。

针对网络中出现的道德失范与违法犯罪行为，政府部门要及时制定和出台专门的网络法律法规，并完善执法机制，全面规范网络行为。但就现有网络法律法规来看，一方面，我们距离建立系统、完整、有效、与国际接轨的网络法治体系仍有差距；另一方面，网络不是一成不变的，它处在日新月异的变化之中，所以，我们也要随着网络发展不断地为法律法规增添新的内容。为此，政府部门要及时梳理我国网络社会法制建设过程中的曲折历程，及时总结建设过程中的经验，反思现有立法、执法和司法所处困境，构建规范完备、实施高效、监督严密、保障有力的中国特色网络社会治理法治体系。同时，政府要加强市场监管，建立网络信息来源黑名单，并依托网警网监队伍实时管控网络失德失范与违法犯罪行为，净化网络生态，保障网络空间有序和谐稳定，为大学生网络媒介素养培育提供健康的社会网络环境。

第二节 新媒体时代思想政治教育的网络思想道德

网络给人们带来巨大便利的同时，也带来了负面的影响，出现了很多网络道德问题，甚至导致了严重的网络道德失范，并引发了大量的失范行为。每个网络用户和网络社会成员享有平等的社会权利和义务，他们都被给予某个特定的网络身份，即用户名、网址，每一个成员都应当受到网络道德规范的约束。

“随着网络信息技术的高速发展，网络逐渐成为高校大学生日常生活中必不可少的重要部分，但是大学生在参与网络生活期间所引起的网络道德问题接踵而至。”① 大学生是网民中最活跃的群体，网络道德失范问题比较突出，因此，必须规范这一群体的网络道德行为，增强他们的网络道德意识，奠定网络文明的基础。

对于大学生网络道德失范的对策如下：

一、大学生自身提高网络道德自律意识

第一，大学生要树立起正确的价值观和道德观，才能在复杂的网络世界中形成正确的价值判断和情感判断，才能面对网络良莠不齐的信息内容时，形成分析、辨别和评价的能

① 王宏岩．高校大学生网络道德危机及网络思政教育路径选择［J］．辽宁师专学报（社会科学版），2022（03）：96.

力，自觉抵制网络不良信息，才能增强在网络世界中的自我控制能力，而不沉溺于网络，不迷失自我，才能合理利用网络提升自我，而不利用网络进行抄袭等不道德行为。

第二，大学生要增强道德自律意识。一个人只有具备了健全的道德自律意识，才能对自己的价值有所认识，才能进行自我控制，在做出一些行为决定时会首先考量自己的行为是否符合自己的价值观念，才能在面对网络世界中的善恶、是非时做出正确的判断，并用道德约束自己的行为，不受网络是非的影响。所以，道德自律意识的培养在规范大学生网络道德行为上是一种必然选择。

在网络社会中，大学生要做到道德自律，关键在于内省和慎独。所谓内省，心理学上又称为自我观察法，是指个体在内心省察自己的思想、言行有无过失；慎独是指修养主体做到无人监督、有做坏事的机会和条件，并且不会被别人发现的情况下，仍然一丝不苟地按照既定的道德原则和信念行为，不出现违规的念头和行为。内省可以帮助人重新认识自己，明白自己是什么样的人，自己到底需要什么，从而决定自己未来的走向，内省能让大学生看到自己的优势和不足，客观看待挫折与失意，同时，在内心稳定信念的指引下，努力去克服消极情绪；慎独能让大学生自觉谨慎对待自己的内心和行为，自觉谨慎遵守道德规范，自觉谨慎防止违背道德的观念出现，不做违背道德要求的行为，成为一个真正的道德高尚的人。

第三，大学生要合理安排和利用时间，让自己充实起来。大学是自由的殿堂，可以让一个人充分自由地发展。在这个阶段，可以将大部分时间和精力用于学习，建立和完善自己的知识结构；可以参加社团活动、担任学生干部、参与社会实践活动提升自己的表达能力、动手能力、交际能力、管理能力、创新能力、决策能力等，提升自己的综合素质。大学生要合理地安排和利用时间，让自己忙碌起来，才不会运用网络做一些无关紧要的事，不会做出与道德要求相违背的行为。

二、完善网络相关法律法规，加强管理

由于网络的虚拟性与匿名性仍然不可避免地会诱发一些网络不道德行为，因此，需要制定和完善网络法律法规，这不仅可以使大学生在进行网络活动中有章可循，明确自己应该担负的网络责任和义务，而且可以帮助他们牢固树立网络法律意识，提高他们的网络法律素质，这样即使在无人监督的网络环境中，他们也不会做出与道德要求相违背的行为。此外，不良的网络环境是大学生网络道德失范行为产生的土壤，培养大学生的健康网络行为，必须规范网络，净化网络环境，防止不健康的信息在网络上出现。为此，国家要加大对各大门户网站或商业网站的监管力度；相关部门要加大网络环境治理，给学生一个绿色

的网络环境；高校要加强网络环境治理和校园网建设，结合本校的实际情况，制定适合本校的网络管理制度和管理办法，有效规范大学生网络道德失范行为。

三、构建三位一体的网络道德教育格局

（一）营造良好的校园文化环境

1. 积极开展校园文化活动建设

高校校园文化是社会主义先进文化的重要组成部分，加强校园文化建设对全面提高大学生综合素质，对大学生形成良好的上网习惯具有重要意义。大学生的兴趣爱好极为广泛，在学习之余渴望丰富多彩的精神生活，如果学校不能满足学生的这些正当要求，学生的课余生活单调、枯燥无味，那么各种错误的、低级腐朽的东西就会乘虚而入，学生的理想信念会发生动摇，误入歧途。

因此，高校要组织丰富多彩的校园文化活动，如：①开展主题思想政治教育活动，以增强学生爱国主义、集体主义、社会主义意识，形成正确的世界观、人生观和价值观；②开展科技创新活动，以提高学生的创新素质和实践能力；③开展学术讲座、学术研讨和学术交流活动，使大学生增长知识，拓宽视野，以提高大学生的人文素养和科学素质；④开展丰富多彩的校园文化艺术活动，为广大青年学生提供施展才华的机会和舞台；⑤以社团为载体，开展丰富多彩的活动，为大学生提供一个展示、锻炼、提高、发展自己的舞台；⑥开展以扶困助残、慈善抚恤、感恩社会为主题的社会实践活动，培养大学生的道德情感。

总之，各高校应该积极探索能调动学生积极性的文化建设的方式方法，让大学生在多姿多彩、积极健康的校园文化中陶冶情操、启迪智慧、愉悦身心、满足精神需要，使大学生在上课之余有事可干，让他们没有精力在网络中消磨时间，从而树立正确的网络道德观念，养成良好的网络道德习惯。

2. 开设网络道德教育课程

为了让大学生更好地接受德育理论，帮助大学生树立网络道德意识，让其自觉维护网络秩序，遵守网络规则，高校可以借鉴国外的做法，在向大学生介绍网络科学技术知识的同时，要把网络道德教育引入课堂。

3. 建立高素质的网络德育工作队伍

教育成功的关键在于优秀的教师。由于大学生身心还不成熟，因此需要教师的正确教育引导。为了切实做好大学生德育工作，高校要建立一支高素质的网络德育工作队伍，这

支队伍不仅要包括高校思想政治理论课教师，还要包括高校管理者，即院校职能部门领导，班主任、辅导员、学生骨干、专家教授、青年教师。这支队伍要具有较高的政治理论水平、全面的知识结构，既要有自己专业领域的知识，又要有网络专业知识和操作技能以及教育学、心理学等全面的知识体系。通过这支队伍，解释有关政策制度，引导校园网络舆论，对校园网络文化进行全方位、多层次、多角度的建设和管理。这支队伍要经常和学生接触，关心爱护学生，了解学生的所思所想，密切注意学生的思想道德和行为变化，对学生心理上的困惑要及时给予科学的指导，对学生出现的不良行为要及时疏导。

（二）重视家庭教育

家庭教育是基础教育，一个家庭的理念、生活方式等都对孩子产生重要的影响。父母作为孩子的教育者，对子女的影响是巨大的，父母要以身作则，规范自己的网络行为，提升自己的网络道德水平，引导孩子正确的上网行为。尽管大学生不在父母身边，作为家长要多跟孩子电话联系，加强沟通和交流，关心孩子的学习生活及心理，让孩子感受到来自家庭的温暖和父母的爱，养成负责任的习惯，增强其在网络社会中的自律能力。家长要鼓励孩子参加各种校内活动以及社会活动，锻炼自己的能力，塑造自己的个性，使孩子健康成长，减少他们沉迷于虚拟网络的行为。

（三）营造良好的社会网络环境

人是社会环境的创造者，又是社会环境的产物，个体道德的培育离不开社会环境的整治和优化。因此，纠正大学生网络道德失范，还必须充分发挥社会主体的积极作用。

第一，社会应该加强正确的舆论引导。正确的社会舆论起着十分重要的推动作用，它可以引导大学生建构科学的价值观、人生观、世界观、道德观。为此，社会媒体要营造良好的社会舆论氛围，以生动的案例教育大学生，传导、褒扬善举、德行，谴责、鞭挞失范行为，使整个社会形成惩恶扬善、扶正驱邪的良好道德动力和压力，促进大学生网络道德从他律转为自律，从而形成良好的网络道德意识。

第二，强化网络从业者责任意识。不少网络从业人员为了牟取暴利，不惜违法获取高额利润。所以，从业人员要以法律规范、文明经营的理念提高行业的自律道德，遵循应有的网络规范，加强对网络环境和信息的安全管理。

第三，政府部门要加强对网络从业者的管理监督，取缔非法经营行为。还要聘请专业技术人员监督网民的网络行为，严厉惩处网络道德犯罪，净化社会的网络环境，从而为大学生网络道德的培养营造良好的社会环境。网络作为科技发展的产物，已经渗入当代大学生的学习和生活中，它在给大学生带来便利的同时，也引发大学生网络道德失范行为。在大学生的网络道德自律意识增强、网络法律法规完善以及高校、家庭和社会“三位一体”的道德教育格局下，大学生网络道德失范问题一定会得到有效控制。

第三节　新媒体时代思想政治教育的网络安全教育

随着网络的普及和应用，大学生成为网络使用者中的巨大群体。“我国高等教育虽然开设了以计算机基础为代表的必修课程，然而这类课程更多侧重于教授学生如何使用互联网，却忽视了教育学生使用互联网时的道德规范、与网络信息相关的法律法规、网络中的自我保护等内容。”① 大学生在享受网络带来的方便快捷的同时，由于自身网络安全知识的匮乏，导致网络安全意识不强，带来了不少使用上的问题。对此，必须加强大学生的网络安全教育，培养他们的网络安全意识，避免发生大学生受到与网络有关的侵害事件。高校加强大学生网络安全教育的措施如下：

一、提高对网络安全教育的认识

高校党政领导部门要转变思想观念，要深刻认识大学生网络安全教育的必要性和紧迫性，要以稳定压倒一切的大局意识，高度重视网络安全教育，行动上要给予大力支持。学校要不断完善网络安全教育体制和制度，应设立网络安全教育指导机构；应把大学生网络安全教育纳入整个教学工作并切实抓好；教务部门要明确教育内容，编制详尽的网络安全教育实施规范，并加大落实力度；应安排专职教师亲自授课，并对教学效果进行科学考核。教务处统一领导，其他管理人员，如辅导员、班主任、学生干部等都应积极参与到大学生网络安全教育工作中来，要明确分工，各司其职，相互协调、相互配合，形成强大的合力，形成全校各部门齐抓共管的良好氛围。

二、丰富网络教育载体，创新教育形式

第一，开辟网络安全教育的主渠道，网络安全教育走进课堂。课堂教育是最能使学生集中接受各种知识的教育方式，可以在思政课的教学中增加网络道德规范、网络伦理、网络法律法规教育等内容，培养大学生的网络信息安全意识、自律意识、责任意识及网络法律法规意识；在计算机基础课教学中把网络安全问题知识和相关基本技能知识放在同等重要的位置，并在教学过程中不断强化，这样在无形中会大大提高学生对网络安全的重视程

① 陈昶洁．加强大学生网络安全教育的现状及对策［J］．传媒论坛，2021，4（23）：159.

度；在专业课的教学中把安全教育的有关知识融入其中，让学生在接受专业知识的同时受到安全知识的教育；设立专门的网络安全教育课程，合理、适当安排课时，向学生讲授网络安全知识，并进行考核、给予学分，增强学生学习网络安全知识的积极性，使其真正掌握相关知识，提高自我保护和安全防范的能力。

第二，积极拓展课外空间，开展形式多样的网络安全教育活动。高校要充分借助校报、校园广播网、校园宣传栏等传播媒介，以及党支部、共青团、学生社团等开展系列活动进行网络安全教育，引领大学生接受正确的网络安全知识，使网络安全教育取得立竿见影的效果；定期开设网络安全知识专题讲座，深入讲解计算机病毒的新动向、病毒查杀软件的使用、网络行为规范、个人计算机安全策略等内容，通过网络安全知识专题讲座引导大学生经常关注网络安全问题，增强大学生网络安全意识；定期开展网络安全培训。学校应该定期组织专家对师生进行网络安全培训，培训应该围绕网络使用的风险、网络中如何进行自我保护、遇到风险如何寻求帮助、如何进行数据保护、网络使用涉及的法律法规等方面进行，让全体师生一起了解网络风险，形成安全责任意识及行为习惯；可以举办网络安全知识调查、网络安全知识大赛、网络征文、网络辩论赛、网络安全主题比赛等丰富多彩的活动，既能丰富大学生的课外生活，又可以在校园中宣传网络安全知识，强化学生的网络安全意识。

三、拓展网络安全教育实践教学途径

网络安全教育必须做到理论联系实际，要把书本理论同教学实践紧密结合起来。高校要为学生创设良好的实验环境，根据较常见的网络安全问题，模拟网络安全实验环境；为开展网络安全教育提供实训基地，增强学生解决实际问题的能力；各高校还应与当地武警、交警、公安、法院等部门合作，建立校外安全实践基地，定期组织学生到基地接受网络安全知识教育，强化学生的感性认识。

四、搞好校园网络建设

高校校园网是对大学生进行网络安全教育的一个非常好的平台。各高校要在页面布局、色彩设计、栏目设置以及所含内容方面下大力气，增强校园网的思想性、知识性、趣味性、客观性、实用性；根据大学生学习、生活、就业、交往、心理咨询等多种需求，及时提供优质服务，使大学生能自愿、主动地浏览校园网站。在这样的前提下，在网页中开辟专栏，介绍常见的网络安全威胁与应对策略、精选网络安全案例、法律法规介绍，在线回答大学生碰到的种种疑难问题，还应为大学生提供正版杀毒软件等工具。通过校园网络的建设，向大学生传播正能量，使他们增长知识，完善自己。此外，高校要加强计算机软硬件配置的安全管理，通过防火墙技术、网络加密技术等高科技的应用，对各种网络信息层层筛选，避免不良网络信息进入学生的视野，提高校内网络安全系数，维护校内网络安全，同时，学校要加强对相关技术人员的监督和管理，保证校园网络的安全运行。

五、建立良好的网络安全规范、监管体系

高校要建立和完善一些制度，规范学生的网络行为，要求学生严格遵守，如果违背相关规定，给予一定的处分，并取消评奖评优及获取奖学金的资格，通过这些制度的建立，使学生的网络行为有章可循。高校在做好规范工作以外，还应获得当地政府的支持，同当地的公安、工商管理部门等建立一种密切的协调关系，充分利用社会各方力量来提高网络监管力度，协助配合有关职能部门开展“净网”行动，加大对学校周边违规经营网吧的整治力度，净化校园周边环境。

学校网络安全环境的创造和大学生网络安全意识的形成，是需要学校和学生共同努力完成的。学校需要加强对网络安全教育的重视程度，要丰富网络教育载体，创新教育形式，拓展网络安全教育实践教学途径，搞好校园网络建设，建立良好的网络安全规范、监管体系，净化网络环境。同时，大学生自身也要提高网络安全及责任意识，仔细甄别网络信息，增强自我保护能力，要合理、正确地利用网络资源，增强自制能力、自学能力，合理利用好课余时间，不要过度迷恋网络，以免影响身心发展和耽误学业。要知法、懂法、守法，不仅不做破坏网络安全的事，还要依法保护自己的人身和财产安全，为创造安全、和谐、健康的网络环境做出自己的贡献。

第五章
新媒体时代思想政治教育的载体创新

第一节　新媒体时代思想政治教育载体的作用阐释

一、新媒体时代思想政治教育载体的构成条件

“载体”最早出现在化学领域，是以科技术语的形式出现的。随着时代的发展，载体的内涵也随之不断变化。载体的运用范围逐渐拓宽，不仅应用于化学领域，还被应用到社会科学的各个领域中。虽然载体在各个学科中都起着承载知识和传递信息的作用、充当一种物质实体而存在，但每个学科对其运用的方式各不相同。

思想政治教育载体，即在思想政治教育实践活动中，能够为教育主体掌控和运用，并能够承载和传递涵盖思想观念、政治观点和道德规范等思想政治教育内容，还能够促使教育主客体之间相互作用产生影响的一种活动形式和物质实体。能否成为思想政治教育载体，要看其是否同时具备以下三个条件，若未能同时满足这三个条件，则不能称之为是思想政治教育载体。

（一）能够为思想政治教育主体所掌控与运用

在思想政治教育工作中，教育主体处于主导地位，而思想政治教育载体只有被教育主体掌控和运用才能发挥出其自身的价值。例如，课堂、主题活动、网络等载体可以承载思想政治教育内容或信息，同时也能为教育主体掌握和运用并能将信息传递给学生，使学生接受到良好的教育，所以，这些载体能被当作思想政治教育载体。但是，当前社会环境颇为复杂，一般和自发的社会环境如社会风气、经济状况等，虽然能够承载思想政治教育内容，却无法为思想政治教育主体掌控，所以，不能将其称为思想政治教育载体。

（二）承载并传递思想政治教育的内容或信息

在现实生活中，以载体方式存在的实体物很多，但是要想成为思想政治教育载体，就必须能够承载思想政治教育的目的、任务、内容和方法等，并将这些有针对性的思想政治教育信息传递给学生。如果能满足这个条件，可将其视为思想政治教育载体，反之则只能将其称为载体。如研讨会、大众传播、社团活动也可以充当载体，但只有蕴含思想政治教育内容并具有明确思想政治教育目标时，才能被称为思想政治教育载体。可见，研讨会、大众传播、社团活动等形式可以作为思想政治教育载体，通过这几种载体可以将马克思主义理论、社会主义核心价值观以及中国红色资源等内容传递给学生。

（三）联系思想政治教育主客体使其相互作用

思想政治教育实践活动，并非教育主体单方面的活动过程，而是教育主体与客体之间双向互动的实践过程。思想政治教育载体作为连接教育主客体的桥梁和纽带，教育主客体作为思想政治教育中两个构成要素，缺失任何一个要素的思想政治教育过程都不完整。例如，学生想要通过思想政治教育理论课来获取信息，如果没有教师为其讲授、没有学生听课，抑或是没有课堂作为载体，此次活动过程将不能进行。

二、新媒体作为思想政治教育载体的主要作用

新媒体的论坛、贴吧、QQ、博客、手机报、微信和微博等都能被思想政治教育主体掌控和运用，能承载并传递有关思想政治教育内容或信息，可以实现思想政治教育主客体的相互作用，所以，它们都可以成为思想政治教育的载体。

新媒体为思想政治教育工作在载体的选择和运用上带来了更多的机遇与优势，但在其运用过程中也存在许多问题。对这些问题认识不清、问题得不到解决将严重影响思想政治教育效果。新媒体作为思想政治教育载体有着多种作用，但最主要的作用，是拓展思想政治教育的平台、丰富思想政治教育的方式、激发思想政治教育主客体双向互动、增强思想政治教育时效性。

（一）拓展思想政治教育的平台

新媒体为思想政治教育提供了极为广阔的活动平台，主要体现在：拓展了信息知识获取平台；拓展了信息传播平台以及拓展了主客体之间的交流平台。

第一，拓展了思想政治教育信息知识获取平台。新媒体未出现时，学生基本通过课

堂、报纸、广播、电视或查阅书籍等方式获取政策理论知识，但是这些载体所承载的知识有限并且形式单一；新媒体出现后，学生获取信息知识的平台也逐渐增多。他们可以通过微信、QQ、微博等移动手机平台抑或是网络平台等多种平台获取政策理论知识。这些平台为学生提供了便捷和丰富的信息，可以让学生随时随地观看热点新闻、搜索学习资料以及进行课程学习，进而增强自身知识储备。此外，教师也可以充分汲取网络资源所蕴含的教学经验以及教育成果以完善思想政治理论课教学。

第二，拓展了思想政治教育信息的传播平台。新媒体的出现使思想政治教育信息的传播方式得以改变并进入了“草根化”时代。学生不仅可以通过理论课的课堂教学获取知识，而且还可以通过新媒体平台与其他人相互学习，将自己的思想观点和学习材料上传到微信、QQ、论坛或是网盘中与他人资料共享，让学生随时随地进行在线阅读和下载。此外，新媒体传递信息的便捷性为思想政治教育信息的传递提供了极为便利的条件，开拓了思想政治教育信息传播平台，摆脱了只通过传统思想政治教育理论课传播信息的局限性。

第三，拓展了师生之间交流沟通平台。新媒体出现前，师生之间的交流沟通方式非常单一，使得教师对学生的生活和学习状况很难进行有效掌握；步入新媒体时代后，种类繁多的通信软件为思想政治教育主客体之间提供了多样化的交流渠道，进而拓展了师生之间的沟通平台。

（二）丰富思想政治教育的方式

传统的思想政治教育方式是以灌输和说教为主，但在对学生进行教育时，这种方式略显单调。新媒体的出现则为思想政治教育提供了多种教育方式。例如，在思想政治理论课堂教学中，教师可以用多种新媒体载体进行教学，可直观地传播思想政治教育内容，使思想政治教育的内容更丰富、更具体、更形象化地呈现在学生面前。这样的授课方式有利于学生吸收消化课上所学的思想政治理论知识，并能够摆脱传统课堂教学中的教师教育方式单一化的缺陷。

此外，随着网络平台和手机客户端功能的逐渐优化和完善，网络课堂教学如雨后春笋般出现，使思想政治教育网络课堂的类型不断增加，极大地丰富了思想政治理论课的教学方式。另外，辅导员的信息传达及与个别学生的交流谈心，党团组织的活动宣传等都可以用 QQ 群、微信群等进行。新媒体使思想政治教育方式获得了极大丰富。

（三）激发思想政治教育主客体双向互动

新媒体时代下，思想政治教育主客体之间的地位、关系都发生了巨大变化。新媒体具有虚拟性，使思想政治教育主客体在虚拟空间下发生了角色互换，激发了思想政治教育主客体之间双向交流。在虚拟世界中大学生可以说出在现实生活中不愿意与他人交流的事情，教师也可借助新媒体的虚拟环境与学生进行“背对背”地交流，从而极大地缓解大学生的心理压力，并减少大学生在现实生活中交流产生的顾虑。

思想政治教育主客体通过新媒体平台交流，可以使互动方式由最初的单向传播变成双向互动。这种互动方式不仅能促使思想政治教育主体及时了解和掌握学生的现实情况，还能减少思想政治教育主体与客体之间的隔阂，使思想政治教育主客体间的双向交流达到理想效果，最终促使思想政治教育工作顺利地开展。

（四）增强思想政治教育时效性

新媒体传播信息的即时性，实现了思想政治教育信息的快速传播，打破了传统思想政治教育模式的滞后性，给思想政治教育主客体提供了及时交流的渠道。现在辅导员可以在第一时间运用新媒体将信息传递给学生，并且留有证据，避免口说无凭。思想政治理论课的课上讨论没有结束，课下还可以通过新媒体形式继续讨论，不必等到下次上课，可以有效保持学生的讨论热情，使理论观点问题更加清晰。党团组织的小型会议，可以有选择地通过微视频的方式进行，打破了时间、空间的束缚。学生未经准假离校，可以通过微视频第一时间确定其在何处，以确保学生安全，并避免学生弄虚作假、失去诚信；学生在学习上、生活上、工作上遇到问题，可以通过多种新媒体形式，第一时间向教师求证、询问、倾诉、表明和建议等。可见，新媒体极大地增强了思想政治教育工作的时效性。

三、新媒体作为思想政治教育载体的运用原则

新媒体作为思想政治教育载体的运用，应当遵循相关的基本原则，其中最重要的原则包括：继承与创新相结合原则、现实与虚拟相结合原则和显性与隐性相结合的原则。

（一）继承与创新相结合

所谓继承与创新相结合原则，是指继承思想政治教育原有载体的优点，并在其基础上运用新媒体创新思想政治教育载体。传统的课堂、会议、实践、家访、文化艺术活动等思想政治教育载体是必须保持的，但思想政治教育载体的选择和运用要与时俱进，新媒体的出现为此带来了机遇和可能。在思想政治教育中，新媒体的各种形式既可单独适用、也可合并适用，还可以渗透于传统载体中适用。

新形势下，随着信息技术不断革新，探寻新的思想政治教育载体是顺应时代发展的必然选择。目前，遵循继承与创新想结合原则必须做到两点：①对当今主流载体加以探索，

如对网络载体、微媒体等新载体进行深度挖掘，利用新媒体特有的优势对学生进行思想政治教育；②对原有的载体加以改良，然后与其他载体结合运用。只有做到这两点，思想政治教育载体才能够适应思想政治教育的发展。

（二）现实与虚拟相结合

现实与虚拟相结合，指的是要充分利用网络提供的虚拟空间与现实空间相结合。网络为新媒体提供了重要支撑，网络有集虚拟性、即时性和交互性等于一体的优点，能让现实中的人们突破时空和地域的限制。

以高校思想政治教育工作为例，立德树人是学校的首要任务。高校中旗帜鲜明地开展思想政治教育活动是一种必然，但有时虚拟的运用会起到意想不到的神奇效果。坚持现实与虚拟相结合原则，高校必须重视网络建设。此外，高校还应对其环境进行监管，为学生营造一个良好的思想政治教育网络环境空间，使学生获得的信息是经过过滤后的良性信息，从硬件到软件保证学生利用网络虚拟时符合法律规范和道德规范，同时，高校教师，特别是思想政治教育具体工作者除了自身严格自律外，还要教育引导学生文明上网，文明使用新媒体。

（三）显性与隐性相结合

显性与隐性相结合原则，是指以现有的显性教育载体为主并结合隐性教育载体进行渗透，以达到两种载体优势互补，使其发挥最大功效。显性教育载体和隐性教育载体是思想政治教育载体中两种形态，虽然它们以独立的形态存在，但在运用过程中是不可分割的，而且需要实现相互转化。

在思想政治教育工作中，既要重视显性教育载体的正面教化和引导，又要重视隐性教育载体的侧面渗透和感化。只有两者有机结合并形成载体合力，才能使思想政治教育发挥到最大效果。QQ、微信、微博等多功能社交软件既可以将党的路线方针政策、中国特色社会主义理论等的思想政治教育内容，直接传递给学生，进行显性教育，也可以将国家科学技术成果、传播正能量的微电影、学校与社会的好人好事等推荐给学生，进行隐性教育。

第二节　新媒体时代思想政治教育载体的运用策略

思想政治教育工作是全员性、全方位工作，它包括教书育人、实践育人、管理育人、服务育人和环境育人，任何一个教职工、任何一个环节都要紧密衔接、形成合力。随着新媒体时代的到来，思想政治教育信息逐渐呈现碎片化、聚集性差、即时性强等特点，它给思想政治教育工作既带来机遇，也带来挑战。应通过创新课程育人载体、拓展实践育人载体、完善管理育人载体、优化服务育人载体、营造环境育人载体来利用好机遇，回应挑战，把思想政治教育工作推向一个崭新的更高阶段。

一、创新课程育人载体的新媒体运用策略

思想政治理论课在思想政治教育中处于极其重要的地位。抓好思想政治理论课教学这个主线，思想政治教育的任务就可能顺利完成，思想政治教育的目标就可能顺利实现。

新媒体为思想政治理论课堂教学提供了新的载体，迫使教师开辟新的思路。与现行课堂教学形式不同，新媒体的使用不但能够在形式上使学生产生更大的学习兴趣，也能够通过新媒体的高效反馈特点，扭转现行课堂的单向授课形式，为教师形成符合现代教育教学规律的理念提供帮助。所以，新媒体视域下，必须创新思想政治理论课教学载体，以便调动学生学习思想政治的积极性、拓展师生就教学内容的交流平台，使思想政治理论课成为学生真心喜爱、终身受益的课程。

（一）课前运用新媒体进行思想政治理论课的策略

课前工作做得好则会增强整节课的课堂效果。想要提高思想政治理论课的课堂效果并激发大学生主动学习的积极性，思想政治理论课的课前预习和课前问题收集是行之有效的方法。

1. 课前预习

无论对于教师上课，还是学生学习，在教学活动内尊重教材都是不二的选择。目前，绝大多数高校所使用的思想政治理论课教材都是高等教育出版社出版的，该系列教材都是由相关专家牵头编著的，的确有它的权威性。传统的课前预习，就是学生看教材，但是，现在学生的学习科目较多、课外活动也很丰富，通过浏览教材进行预习，费时费力。所以，学生有时做不到课前预习，即使做到了也收效甚微。然而，在当今时代下，利用新媒体可以顺利实现思想政治理论课的课前预习。

思想政治理论课的教师可以将下次课的内容，进行总体归纳并将重难点制成微课，通过新媒体工具——QQ 群、微信公众平台或学校教学网站等传给学生。学生可以随时随地地进行查看，也给学生的学习增添新乐趣。学生很轻松地了解下次课的整个内容、重点难点是什么。学生在课前预习的过程中，遇到难以理解的知识点抑或是感兴趣的内容，可以主动上网查阅资料进行补充，以达到对知识点更好地理解和消化，同时也可以形成问题传

给教师，让教师在课上进行重点讲解。至于学生是否上线预习，可以通过技术实现监控，并与总成绩中的平时成绩并联。

微课在高校教学中的应用越来越广泛，它以10分钟的短小视频为主并且内容较为精简，呈现的是教师对某个典型知识点的片段教学。微课的运用，符合术业有专攻的要求。每个教师都有其擅长的领域，所以，通过微课可以最大化地发挥集体的优势。因此，思想政治理论课的微课制作，应由教研室整体进行，把不同的重难点交给最擅长的教师，然后全教研室教师共用。为提高微课质量，可以开展评比活动，对优秀微课创作者给予奖励。

将微课运用到思想政治理论课的课前自学，是加强思想政治理论课教学有效方式之一。

2. 课前收集问题

问题导入式教学，是当前思想政治理论课经常运用的教学方式。它可以让学生明确教学任务和教学目标，更能让学生理论联系实际。要使当下教学产生良好效果，必须了解当下学生的学习实际情况和思想需求状况，这样教师才能科学设计教学方案，从而提升课堂的导向性和趣味性。通过新媒体向学生进行课前问题收集是获得问题的有效途径。比如，教师可以通过微信平台、贴吧平台等新媒体形式，在课前对学生关心或疑问的理论问题或现实问题进行征集和梳理，形成课上导入的问题。

（二）课堂运用新媒体进行思想政治理论课的策略

学习过程中人体器官参与得越多并不时地被刺激，效果就越好。所以，思想政治理论课的课堂教学可以通过新媒体载体，让其更加丰富多彩。比如，使用“翻转课堂”，通过精美课件播放精品课、微课、录制的情景剧等。

1. 翻转课堂

“翻转课堂”是学生在家通过教师发布的视频完成知识的学习，课堂则变成了教师学生之间和学生与学生之间互动的场所，包括答疑解惑、知识的运用等。所谓的“翻转”是指传统的课堂中教师是主角，而在翻转课堂中学生是主角。思想政治理论课的课堂教学，可以采用翻转课堂的形式，让学生在课前自主观看授课视频，然后将不会的或是感兴趣的知识点在课上与教师和学生一同讨论，从而让学生积极参与到课堂的互动中。这种形式不仅能够弥补课堂气氛沉闷和学生注意力分散的缺陷，还能培养学生的自学能力。

2. 精美课件

思想政治理论课教学中，大多数教师都使用了多媒体课件进行教学，但是多数课件，只是起板书作用或再现教材主要内容。这样只是方便了教师自己上课，对学生的帮助微乎其微。“精美课件”不在于华丽、花哨、好看，而在于符合教学内容、教学规律、心理学、生理学的要求，要“动”“静”结合、内容丰富而经典，学生想看、愿意看、有收获。

当前，思想政治理论课的课件应包含与教学内容相关的“精品课”视频节选、优秀微课、史实图片与视频、学生自己录制的情景剧。思想政治理论课程网站中有大量的精品课、公开视频课、精彩一课、优秀微课。这些课程确实精彩、完美，值得展现给学生，一定会收到比教师自己讲解更好的效果。此外，思想政治理论课的情景剧教学也进行得如火如荼。这种形式让学生参与其中，会感同身受，而观看的学生也会受到思想的洗礼，在实际授课中还是得到了学生的好评，也收到了良好的教学效果。为了节省课上的学习时间，学生可以在教师指导下，根据教学内容有选择地排练情景剧，然后将其录制成视频，在讲解相关内容时播放。这样也会起到同样的作用。

（三）课后运用新媒体进行思想政治理论课的策略

学生进行思想政治理论课的课后答题和讨论，是巩固课上所学理论知识的有效方法。新媒体为学生参与课后答题与讨论，提供方便条件。学生参与程度如何、答题正确与否要与课程成绩挂钩。

1. 课后答题

教师应积极运用网络平台，以教学内容为基准，在教学网络站上设置思想政治理论课网络题库并让学生进行单元测试。教师可将网络单元测试题从易到难分为三个等级，如基础题、理解题以及开放题，以便掌握学生政策理论知识的了解掌握情况、分析问题解决问题的能力情况。题库的建立，最好以教研室为单位，动员全体力量，保证出题的质量水平，并不断更新。

2. 课后讨论

课后讨论，不仅有利于加强大学生对政治理论知识的理解，还有利于促进师生和生生之间的情感沟通。由于思想政治理论课的内容庞杂并且课上教学时间有限，教师不能对每个知识点进行全面讲解，对当前的许多热点话题也是点到为止，所以，拓展教学空间，正确引导学生的课下学习，提升学生学习的主观能动性是极为重要的。例如，教师可在学校教学网站上专门设置讨论专区，将传统的提交论文作业改为开放式的讨论形式，让学生进行网络回帖，通过讨论以进一步加强学生对政治理论知识的理解。此外，教师还可以将网络讨论专区最为典型的知识点在课上进行深度讨论，以强化学生对理论知识的掌握。

总之，新媒体在思想政治理论课教学中的运用并非取代了传统的思想政治理论课教学模式，而是在其基础上加以完善。将传统的思想政治理论课堂作为根基并以新媒体作为其有力支撑，使传统的“接受性学习”转变为现今的“探究性学习”，不仅有利于提高学生的主体地位，还有利于激发学生主动获取和学习政治理论知识的积极性，进而提升学生政治理论水平。

当然，专业课和其他共同课也承担育人任务，也可参照思想政治理论课的载体运用来进行。

二、拓展实践育人载体的新媒体运用策略

实践育人是遵循大学生成长成才的发展规律，有计划、有目的、有组织地开展与大学生专业发展和成长成才相关的实践活动，在活动中对学生进行思想政治教育。社会实践活动是思想政治教育的重要环节，更是增强学生分析问题和解决问题能力的有效途径，对促进学生了解社会、认识国情、锻炼毅力以及增强社会责任感等方面具有非常重要的作用。在新媒体视域下，需要拓展实践活动载体，以激发学生参与社会实践活动的积极性、加强学生对社会和国情的了解、锻炼学生的智力体能的发展，进而增强学生解决问题的能力。思想政治理论课的实践教学及寒暑假等社会实践活动是实践育人的两个支柱。

（一）思想政治理论课的实践教学

实践教学是学生进一步加深理解政策理论知识的有效途径，是学生直接了解当前社会的发展进程、更加坚定社会主义理想信念的重要平台。新形势下，应当充分运用新媒体开展思想政治理论课实践教学，增强实践教学的新颖性，以便让学生参与其中，使思想政治教育理论课实践教学真正承担起育人的责任。

1. 建立实践教学网络平台

多数思想政治理论课实践教学，是采用松散的自由实践方式，学生单独或自行组织团体去进行实践调查，然后完成一份实践调查报告，教师评定报告给个成绩就算结课。至于学生去没去实践、怎样实践，教师无法掌控或知晓，更无法进行计划性的指导。如果建立了网络平台，可以要求学生在平台上，提前上报实践的具体时间，实践过程中要上传实践图片或视频，最后的实践报告也可以传到平台上，教师在网上评阅。另外，实践中学生有什么问题，还可以通过平台跟教师进行询问和交流，也得到教师的指导，当然同学间也可以进行交流。这样就使松散的活动用“网”连在了一起，也使学生有了归属感。

2. 运用新媒体开展虚拟实践教学

利用新媒体开展虚拟实践教学和以往传统的实践教学不同，主要是运用多媒体技术对传统的教学资源的个性化开发，通过制作成微视频或纪录短片等通过 PPT 在课堂向学生展示并模拟真实的场景，这种做法和思想政治理论课中的情境教学类似，主要就是将图片、音频或

视频移到课堂上，让学生身临其境并能够感到震撼，从而达到实践教学的目的。

（二）开展寒暑假的社会实践活动

以高校为例，高校党团组织、社团组织以及学生干部应组织学生深入社区进行社会实践活动，抑或是利用重要节假日或寒暑假组织学生开展一些有意义且主题鲜明的志愿者服务活动和社会公益活动，通过社会实践活动能让学生将所学知识运用到社会实践活动中并体会到“认识—实践—再认识—再实践”的过程。现实中，学生的社会实践活动确实多种多样，以下仅就新媒体在寒暑假社会实践活动中运用做一阐述。

1. 建立新媒体联系平台

在校时学生的社会实践一般是以学院为单位，甚至是以年级为单位，而寒暑假由一个学院来组成团队进行社会实践往往比较困难。那么，通过校团委和分团委所建立新媒体联系平台，可以招募和联系其他学院的学生共同进行社会实践。另外，在寒暑假有许多学生想通过社会实践使自己得到锻炼，可又苦于不能形成团体而无法实现。这样，校团委和分团委所建立新媒体联系平台，又可以为有相同爱好和兴趣的学生建立社会实践团队。当然学生自己也可以建立平台去组织社会实践。

2. 建立院校间实践联动

高校间能有合作，对于学生开阔眼界、活跃思想、增长知识、提高能力，会产生积极的作用。学校官方微博往往会比个人微博影响力更大。

一方面，可以建议学校官方微博推广宣传与其他学校的联谊活动，扩大与其他学校之间的联系，共同组织团队一同开展社会实践活动。这种方式既能吸引更多学生以主体身份积极参与到活动中为社会做贡献，还能促使各个学校不同专业的大学生加强交流互动，提升学生的素养。例如，各高校可以联动附近高校一同开展社会实践活动，这种做法不仅可以提高学生的参与意识，还能使其在思想认知方面有所提高。

另一方面，还可以通过网络的互动性与全国各地的学生建立联盟，并一同开展社会实践活动，通过实践活动帮助社会中需要帮助的人，充分发扬中华民族的传统美德和集体主义精神，让学生在实践活动中提升自身的道德品质，遇到困难时可同其他大学生一起解决。

此外，还可运用微博平台等新媒体做好实践活动成果的展示、评比和宣传，以扩大社会实践的影响力。

三、完善管理育人载体的新媒体运用策略

管理育人就是管理部门及其人员，在执行规章制度和开展管理活动中对学生进行思想

政治教育。制度是育人的保障，也是管理的标尺。其中，高校管理人员主要包括行政管理人员、教学管理人员、学生日常生活管理人员等。他们对学生的管理要以国家、地方和学校制定的规章制度为准绳，做到严以律己，按规章办事。管理育人是思想政治教育的重要组成部分，是强化学生法治思维意识的有效路径之一。新媒体视域下，可以通过制度上网、结果上网、网上办公、网上反馈等方式实现管理育人。

（一）制度上网

管理的真谛就是以“理”管人、以“理”服人，这样就能做好管理工作。以“理”管人的“理”是制度，是规矩；以“理”服人的“理”是情理，是情感。高校应把所有学生管理制度统统上网，让学生在网上都能查得到。这样也是对学生进行制度宣传教育，对学生的行为有指引和规范的作用。

任何制度的建立，都要经过民主程序，对学生建立的制度，应保证学生的发言权。每项制度出台前的草案，都应通过放到网上等形式，让全校师生充分讨论，这样才能保证制度的科学性。对于存在争议或存在缺陷的制度要允许网上讨论，以确保制度的不断完善。

（二）结果上网

学生党员发展、研究生保送、奖学金评定、干部选拔、转专业、评优等都存在学生间的竞争。要使这些工作产生积极的影响，就必须保证条件公开、程序公开、结果公开，这些通过网上公开是不错的方式。过去绝大多数部门只是在本单位办公处以纸张形式公开，影响的范围极其有限，变相缩小了学生的监督范围与力度。通过网上公示学生间的任何竞争结果，是对多年来学生强烈呼声的回应。

（三）网上办公

校园往往都很大，学生办事跑来跑去，为方便学生，有些事情可以通过网上办理，这样省时省力。比如，研究生保送、奖学金评定、干部选拔、学籍异动、处分单等的相关表格都可以网上填写，由相关人员审核后，再统一打印签字，避免学生奔波。另外，为加强宿舍管理，并让家长放心，可建立由辅导员、宿舍管理员、查寝学生干部、学生家长在内的 QQ 群或微信群，保证对学生的安全与需求做到及时反应。

（四）网上反馈

学生对于学校的管理常处于无意识的认知状态，而遇到具体问题时，又不能找到良好的解决途径，此时就进入思想的两难境地，如何及时收到学生问题、学生的反馈，这不但是摸清学生思想的主要途径，更是管理者建立健全学生管理体制的关键。如何运用新媒体建立学生的反馈平台是解决这一问题关键环节。新媒体中尚无校园内单方面反馈信息的有效方法，但学校网络的专栏、贴吧等社区类网站可以借鉴。这些网站不同于微博、微信、QQ 等即时通信媒体，而是广而告之的平台，属于网页类的新媒体，其形式决定了其受众具有较强的信息搜寻能力及整合能力，并有很强的时效性，是学生众多信息汇集的重要平台。这些社区类网站网罗了大量自愿发帖的学生等相关人士，而且这些信息多与学生学习生活息息相关，并且由学生自发管理和维护，这些网页式新媒体都是建立反馈平台最佳的途径。通过这个平台的组建，能够时刻关注学生的日常事件，能够使管理更具体，优化高校机关作风。

四、优化服务育人载体的新媒体运用策略

服务育人，指的是服务部门及其相关人员通过优质的服务、良好的形象以及文明的语言影响大学生以达到育人的目的。服务育人是思想政治教育的重要补充，更是助推学生道德人格完善的有效方式。高校后勤人员担当着服务育人的重任，这是高校后勤工作的职责所在。学生一日三餐要与后勤人员打交道，到教学楼学习、到宿舍休息都能目睹后勤人员的工作态度与劳动的成果。所以，后勤工作人员的态度、形象、举止、语言、服务质量，的确会对学生的人格完善产生一定的影响，高校可以通过运用新媒体载体为学生提供便利、快捷的服务，以实现服务育人。

（一）运用新媒体优化后勤服务

学生在校用餐是学生本人，特别是家长极为关心的大事。用餐关乎身体，身体关乎学习，学习是学生的首要任务。所以，保证饮食质量是后勤的重中之重。为此，后勤应当运用新媒体建立原材料合格信息与规范操作过程公开渠道，以建立学生及家长对学校后勤的信任。比如，后勤可通过微信关注号将采购的合格食材信息告知学生，并将制作过程通过视频在学生就餐处进行播放。

教学楼及公寓楼物品毁损现象是常有的事，学生自用部分会及时报修，而公用部分，往往没人过问，由于后勤工作人员有限，而学生又不知道该向谁反映，使得这部分问题不能及时解决。如果后勤能在本部门的网页上建立报修平台或建立微信报修平台，就会使问题得到及时解决，既可强化后勤领导的有效监督，减少学校的损失，又能树立后勤服务的完美形象。

现在许多高校都有了学生校园“一卡通”，而“一卡通”与后勤的联系最为紧密。如

果校园“一卡通”能进一步地与新媒体相联系，将大大地方便学生，如就餐、用水、用电、洗浴等的充值与结算。方便学生就是最好的服务，为学生节省事务性的时间，就是为学生增加了学习的时间，从而使学生愉快地学、有时间学。

（二）运用新媒体进行反馈与激励

新媒体的出现则为大学生与后勤服务部门之间搭建了更为便利的信息反馈平台。后勤可以通过建立微信公众号，让大学生反馈后勤服务的相关信息、意见、要求、建议等，同时，后勤应针对学生的反馈及时做出回应，能解决或接受的要及时解决或接受，暂时不能解决或接受的要说明理由。后勤应顺应新媒体的发展，为大学生提供便利的信息反馈通道的同时，也应充分利用新媒体载体建立激励机制。

第一，让每个后勤工作人员佩戴标号牌上岗，并在相应的校园媒体上进行展示。

第二，建立学生微信投票平台。

第三，说明学生如何投票。

第四，每学期公示投票结果。

第五，奖励获得好评者，教育被差评者。这样会极大地改善后勤服务质量，以实现育人目的。

五、营造环境育人载体的新媒体运用策略

环境育人，是指通过感染的方式对学生进行潜移默化的思想政治教育和道德教育。环境对人有着极为深远的影响，在生活中能够影响学生的意识和行为的环境范围较广，而校园文化环境作为思想政治教育的重要组成部分，更是实现学生自我管理教育的一种有效途径和手段，其优良程度能够潜移默化地影响学生的学习兴趣和学习成果，并在一定程度上引导着学生的一言一行。当今时代下，学校可以将新媒体载体运用到校园文化环境中，加强校园文化环境建设，使其作为一种隐性教育方式对学生进行思想政治教育。

（一）营造校园物质文化环境

校园物质文化环境，是能够看得见摸得着的，其直观性较强，主要包括学校的建筑物、景观以及学校的布局等基础设施建设。现阶段，有不少学生的环保意识薄弱，如损坏学校公物、随地乱扔垃圾和随意践踏草坪等不文明现象较为常见。所以，学校应为学生营造一个良好校园物质文化环境，通过新媒体对校园物质文化环境进行宣传，使学生亲身感受到身边的一草一木，享受物质文化环境的优美程度，从而在无形中接受教育并能够自我教育。

1. 网上宣传校园美景

通过校园网主页穿插校园各个角落的美景图片，让新生和老生看到后都能够亲身去感受校园美景，陶冶情操、净化心灵，并从中受到教育。

（1）对于新生的教育。由于新生初到校园，对于校园的整体布局和校园景观的了解不够全面，也不清楚在校园中究竟该如何去做，这就需要对新生进行正确的引导。可派专门人员管理校园网页，在校园网主页中通过编辑文字再配上图片的形式宣传校园景色以及优美建筑，也可以是通过拍摄视频讲解的形式来完成。这样不仅能够使新生对学校进行初步地了解，还能通过观看到学校优美景观自发地去保护校园环境。

（2）对于老生的教育。由于老生在校时间较长，保护校园环境意识逐渐淡薄，这就需要对老生进行再教育。对于老生再教育的方式可运用新媒体，也可将传统媒体和新媒体综合运用。例如，在学生上课和下课的路上摆设一些环保标语，抑或是通过电子屏幕的方式播放校园公益广告；同时，再将文明和不文明的学生现状拍摄下来，通过微信、QQ、学校论坛或贴吧的形式传播上网，并对学生进行正确的引导，使学生能够主动地去保护校园物质文化环境。

对于新生和老生的教育方式不同，但是通过环境的无声教育，不仅能让学校物质文化得到保护和延续，还能让学生受到环境的熏陶并实现自我管理和教育。

2. 完善物质文化建设

新媒体作为宣传高校各项活动实施的物质设备，在一定程度上充实了校园文化的物质外壳。所以，应利用新媒体完善校园物质文化建设，使学生了解更多与校园相关的信息。比如，加强校园网的建设，为学生提供健康和便利的上网条件。此外，学校还应统筹校园物质文化的规划建设，为学生提供更多的现代化基础设施。例如，可以在学校图书馆、教学楼等各地设置查书电子设备，能够方便学生查阅书籍和浏览名著，实现资源共享，通过新媒体进一步完善校园物质文化建设，以实现育人的目的。

（二）营造校园精神文化环境

校园精神文化环境是校园文化环境的最高层次，其主要通过校风和学风来影响学生的思想意识。新形势下，学校应结合当今学生的特点，开展多种网络渠道营造校园文化环境，进而使思想政治教育工作能够顺利进行。

1. 强化校风学风建设

校风和学风是校园精神文化环境的重要组成部分，要坚持不懈培育优良校风和学风，使高校发展做到治理有方、管理到位、风清气正。因此，在校园内营造良好的校风和学风环境对学生的世界观、道德观、价值观的确立有着深远的影响。

（1）运用新媒体强化校风建设。校风是凸显一个学校具有独特精神面貌的关键因素，校风的形成与发展和学生的生活息息相关。在新时期，学校可以借助学生常用的新媒体创建网站、微博或微信公众平台，然后将近期举办的各种活动或者社会主义核心价值观等正能量信息，通过网站或手机终端进行推送并及时更新推送的内容，以便学生能够及时了解国家动态、学校近期新闻以及活动信息。同时，还可以通过新媒体举办各种文化活动，比如，举办校园网络歌手大赛、校园网络辩论赛等。学生可以积极主动参加学校组织的各项网络活动，不仅有利于学生在活动中彰显自己独特的个性，还能够提高学生的思想道德素质、提升学生的整体气质以及提高学生的自信心。

（2）运用新媒体强化学风建设。学风是学生世界观、人生观和价值观的真实反映，是学生学习态度的真实写照，同时也是学校的气质和灵魂。借助新媒体加强对学生管理，并为其营造出良好的学习环境。此外，还可以在教学楼抑或是图书馆中适当位置悬挂 LED 大屏幕，并来回滚动播放一些富有哲理的名人名言等，为学生营造良好的、高雅的学习氛围；借助新媒体举办一些学院间抑或是班级间的阅读经典著作、演讲比赛等活动，使学生积极主动参与其中，以促进学生在德、智、体、美、劳方面能够得到全面发展。

2. 传播社会主流文化

新媒体虽然是当今时代的主流媒体，但也不应忽视传统媒体的作用。在校园中，将新媒体与传统媒体的优势相结合，不仅通过校园广播、校报、宣传栏等传统方式传播校园文化，还应加强思想政治教育专题网站和微信、微博平台的建设，以便更好地传播中国传统文化，拓展信息传播的辐射空间，使之能够全方位地展示校内外新闻资讯。学校通过掌握新媒体与传统媒体的舆论主动权，能够使学生在正确舆论的引导下完善自我教育管理并加强对中国传统文化的学习，从而营造良好的校园精神文化环境。

综上所述，随着时代的不断发展，不论是教书育人、实践育人、管理育人、服务育人还是环境育人，这些工作都要做到因事而进、因势而新，应创造性地运用新媒体载体完善思想政治教育工作，对学生进行正确的引导和教育，以提高思想政治教育的实效性。

第三节　新媒体时代思想政治教育载体的创新建设

一、健全新媒体载体和技术服务平台

相比广播、电视、报纸、杂志等传统媒体，新媒体具备突出优势，更能适应现代人快

节奏的生活方式，更能满足学生追求个性、求新求变的思维方式，成为舆论的新载体。个人化、组织化的网站、论坛、微信、微博等，成为无法在现实生活中抒发情感的群体发泄的场所，因此得以迅速广泛传播。当代学生个性突出，强调个性张扬、自我实现，新媒体便成了他们实现这种心理诉求最快捷的途径。因此，新媒体载体的建设和适当技术控制对学生的思想政治教育非常关键。

（一）加强校园新型主流媒体建设

面对新的媒介环境，要运用新媒体新技术使工作活起来，推动思想政治工作传统优势同信息技术高度融合，增强时代感和吸引力。因此，我们应正确看待新媒体网络传播的社会影响力，清醒认识我国互联网尤其是主流网络媒体的现状，在此基础上采取有效措施，加强新媒体网络建设，尤其是符合当代学生生活学习习惯的主流媒体终端建设，形成舆论引导新格局。

所谓主流媒体就是那些能起主导作用，能为其他媒体设置“议程”，社会影响较大的媒体，它们覆盖面广、规模大，并且经得起时间的考验。在我国，我们把新媒体主流媒体定义为那些依托传统的主流媒体，在新媒体传播平台上发挥影响力、引导舆论的重点新闻网站。校园网和官方“两微一端”（微博、微信以及客户端）平台作为当前各大高校内外交流的平台，应该也必须成为高校的新媒体主流媒体。在校园网上除了摘引自重点新闻网站的国内外新闻事件，更多地是与师生密切相关的学习、生活、娱乐和就业方面的信息。

随着信息与师生相关性和被师生接受度的提升，信息受师生的关注度自然也就越高。在校园网的建设过程中，不仅信息的内容选择非常重要，更重要的是师生合作关系的建立与发展。我国许多校园网建设都与该校学生的参与密不可分，例如，就业信息平台、后勤服务 APP、校园 BBS 等。这样，学生自己便成为新媒体的“把关人”、新媒体引导的“意见领袖”和新媒体舆情反馈的“观察者”，他们不再是校园网建设和发展的“旁观者”，而是“参与者”和“贡献者”，他们的校园新媒体“主人翁”意识不断得到强化，这对引导正确的校园新媒体舆论提供了良好条件。这也会极大地减轻学生思想政治教育的压力，推动学生思想政治教育实效性。

1. 加强专题网站建设

加强思想政治教育网站建设势在必行。学生的思想和行为都具有自身的规律和特点，不同于一般思想政治教育对象。学校要贴近学生、贴近实际，充分利用互联网开展好学生思想政治教育。网络信息资源的实时共享和传递的快捷，让学生接受思想政治教育的覆盖面更大，教育内容更为生动而具体。因此，要主动占领网络思想政治教育阵地，建立思想政治教育专题网站。

当前，各个院校都建有符合学校实际、展现学校校风、体现科研和人才培养特色等的校园网，但思想政治工作专题网站建设还不完善。高校应以学习马克思主义理论、弘扬社会主义核心价值观为导向，结合新媒体环境下学生思想需求，建设并推广在网页版面设计、栏目设置等方面都贴近学生实际的专题思想政治教育网站，开辟主流网络思想政治教育阵地。

2. 建立即时交流平台

随着信息通信技术的迅速发展，出现了诸如QQ、微信、微博等一些可以传递文字、图片、视频等的即时通信网络软件，能够在两个及以上用户之间传递消息，使信息交流更加形象化和即时化。大学生年轻、富有活力，喜欢尝试新鲜事物，即时通信软件深受他们欢迎。利用这种方式开展思想政治教育，不仅受到学生的喜爱，还使思想政治教育工作变得更富有情怀。高校思想政治工作改革创新，要加强互联网思想政治工作载体建设，加强学生互动社区、主题教育网站、专业学术网站和“两微一端”建设，运用大学生喜欢的表达方式开展思想政治教育。

QQ、微信这两个软件在一定程度上具有相同的性质，都是信息交流交互软件，可以一对一、一对多、多对多进行交流，这两种软件在大学生中使用最为广泛。根据工作的内容和目的，可以建立各种QQ群，如“年级群”“党员活动群”“理论学习群”等，及时传递党和国家的方针政策、时事政治等各种信息，共享各种理论学习文件，集体交流讨论，不同的群可以帮助教育者把群体间的联系无限延伸。同时，学生还可以通过QQ与教师进行一对一线上交流，使思想上的困惑及时得到解答。因为微信具有便捷、直观的特性，学生也乐于使用。学校可以建立微信公众号，作为网络新媒体平台的公众号可以发挥其信息传播广、具有时效性等特点，可以为广大师生获取最新资讯、进行有效学习提供方便。

思想政治教育工作者可以通过学生的微信了解大学生的思想动态、生活状况等，也可以分享一些关于思想政治教育和弘扬社会主义核心价值观的文章、视频链接，发布学校学习、就业、生活等方面的信息，实现服务信息送上门，师生之间也可以通过微信公众号开展互动，探讨理论问题、心理问题等。

微博也是常用的信息即时交流软件，高校微博使用率很高，各高校都建立了自己的官方微博，与新闻发言人的作用相似，对外宣传权威信息。由于微博信息传播速度快，通过其传递思想政治教育相关信息更为快捷。因此，高校应该建立“纵向到底、横向到边”的微博组织结构，从上到下纵向建设微博，也就是从学校一二级院系、班级都建立官方微博，做到信息传递的上下衔接，横向主要是关注社会权威新闻媒体、教育机构等微博，使传递的信息更为广泛。可以在微博设置与学生息息相关的话题并展开讨论，如志愿服务、社会实践、思想宣传等话题，及时掌握大学生的思想动态，积极进行思想政治教育引导。

3. 建立手机交流平台

建立校园 APP 信息交流平台。随着智能手机的广泛使用，大学生几乎人手一台智能手机。APP 是安装在手机上使用的软件，它的引入打破了时间和空间的限制，利用 APP 开展学生思想政治教育范围覆盖面更广，也更易于学生接受。可以建立符合学校实际的校园官方服务 APP，将咨询和服务融为一体。因其具有本地化、个性化的特点，学生可以随时随地了解学校各方面信息。APP 在设计开发上，要以学生需求为前提，可以提供学校简介、成绩查询、各种通知等与学生学习、生活方方面面相关的功能，除了在学校 APP 中提供的咨询与服务外，还可以增加时事政治、理论学习、心理健康、校园文化活动等思想政治教育的内容，师生间开展交流互动，使思想政治教育更加立体化。

同时，建立手机短信信息交流平台。在没有数据网络覆盖的情况下，手机短信是更为常用的交流方式。手机短信可以一对一互发，也可以群发。思想政治教育相关部门，例如，宣传、学工等部门，可以在“五四”“七一”“十一”等纪念日编写一些思想政治教育短信，也可以编写一些生活提醒、人生励志、心理疏导的短信群发给学生。这样既能达到教育的目的，又能让学生感受到学校的关爱。一些性格内向的学生不敢当面跟教师进行交流，也可以通过编辑短信将生活中的困惑、思想状况、心理问题直接发送给教师，让短信成为师生沟通情感的纽带，及时疏通大学生的困惑，将思想隐患及时排除，引导学生形成积极向上的思想。

思想政治教育工作者要注意运用恰当的教育方式方法，在交流过程中要做到平等、真诚、亲切，消除交流障碍，让学生在平等对话中、在互相尊重中能够敞开心扉，从而进一步了解和掌握学生的思想状况和心理状态，潜移默化地引导学生树立正确的世界观、人生观和价值观，从而达到思想政治教育工作的目的。

（二）新媒体融合，创新教育方式

新媒体融合带来的多媒介、多渠道、多手段信息传播，给思想政治教育带来多元化发展。思想政治教育要充分利用新媒体融合的传播优势，通过新媒体融合发展下载体的多样性创新思想传播方式，丰富教育媒介。

1. 应用场景技术于教学过程，发挥可视化优势

移动通信技术的迅猛发展，推动了媒体融合中场景技术的发展，使其成为融合演化的重要变量。在互联网的发展下，场景技术不仅用于满足用户的需求适配用户的信息和感知

手段，还用于重构社会关系、调整赋权模式，通常涵盖社会条件和个人需求、用户特征和使用环境、场景呈现与用户行为等方面。

现阶段最常见的场景技术运用就是百度地图或高德地图中的场景体验，只要输入一个地点和时间，就能清晰地还原这个环境下所有的人或事物，与现实生活没有区别，它通常伴随着虚拟网络空间场景。场景技术融入高校思想政治教育的教学中，可以发挥媒体的可视化优势，增强教育内容的立体性，因此，高校思想政治教育要积极搭建教学场景平台。

场景技术包括 H5 技术①、VR 技术、4K 超高清、一云多屏、家庭大屏等技术的开发，这些都有利于增强思想政治教育内容的学习体验。场景技术的运用将会加大感官的延伸。

（1）H5 技术。它的大量运用将会拓宽教学内容的呈现形式。H5 页面的推广，使人们的感知更加立体，声音、图片的结合能促进受教育者多种感官的融合。

（2）VR 技术和 4K 超高清。VR 技术可以帮助受教育者在学习过程中形成沉浸式体验。VR 技术在内容呈现方式上可以整合无人机、虚拟现实设备、机器人写稿等各方面资源，利用虚拟现实技术还原现场，结合 4K 超高清屏幕的投放，增强用户的现场感，为信息传播创新方式。

（3）视频。作为媒体融合背景下的产物，视频的发展格局趋于稳定，现在正在向 PGC② 方向发展。高校思想政治教学过程中，可充分借助视频极大的信息承载和表达能力、极强的参与性和社交性、良好的画面感和在场感等，融合思想政治教育的内容优势，形成个性化的内容传播，增强用户体验。场景技术的运用，丰富了教育媒介形式，创新了教学传播手段。

思想政治教育可以利用场景教学，一方面，了解学生在社交、本地、移动区域的活动；另一方面，可以通过构建场景教学模式，使教学文字、内容传播更加立体、直观、形象，增加画面感。媒体的融合发展增强了媒介的可视化优势，对思想政治教育方式创新十分有利。

伴随互联网时代用户消费新闻产品的“碎片化”趋势，以及传统信息传播方式的变革，“融媒报道”越来越成为主流的宣传方式。媒体融合的可视化优势不仅体现在平台的建设上，还体现在内容的传播上，如利用多屏幕、多终端等给信息接收者带来沉浸式体验。思想政治工作也可融场景技术于教学过程中，发挥媒体的可视化优势，增强教育内容的感染性。

---

① H5 是 HTML5 的简称，HTML5 是构建 Web 内容的一种语言描述方式。HTML5 是互联网的下一代标准，是构建以及呈现互联网内容的一种语言方式，被认为是互联网的核心技术之一。

② PGC（全称：Professional Generated Content）互联网术语，指专业生产内容。用来泛指内容个性化、视角多元化、传播民主化、社会关系虚拟化。

2. 聚合多终端融合技术，强化内容的同步传播

媒体融合的发展涵盖终端的融合，各类信息利用终端出口进行N次传播，呈现出信息传播海量化的态势。媒体融合背景下，多种媒介形态并存，传播方式多种多样，传播渠道不断增加，给传统的思想政治教育传播方式带来挑战和机遇。

思想政治教育要充分融合媒体的多种形态，创新思想文化的传播形式和传承载体。思想政治教育文化的宣传离不开终端的适配，只有促进高校思想政治教育多种终端的融合，才能形成载体合力，促进教育内容的海量传输，提高竞争力。作为终端融合的典型，同样是宣传主流文化的载体，中央广播电视总台的做法值得借鉴。中央广播电视总台为应对媒体融合环境下带来的信息传播方式的变革，明确提出了“台网并重、先网后台”的发展战略，持续推动“三台三网”的加速融合，形成总台和新媒体的“一键触发”机制，实现“1+1+1>3”的传播效果。

思想政治教育面对信息传播方式变革带来的多种信息终端出口，应该构建“贯通多终端、统一管理”的内容处理模式，形成思想政治教育内容“一个终端，多渠道分发”的传播形式。例如，慕课平台、翻转课堂、微课等学习平台，学习资源通过这些不同的媒介载体终端向学生输送教学内容，形成共享机制。思想政治教育应该注重融合与创新这些学习端口，形成一体化的资源传播渠道，做到“多种终端、一键同发”，从而提升教育内容传播的原创性和即时性，以教育客体喜闻乐见的形式进行内容传播。

在推进思想政治教育内容的线上传播过程中，一方面，可以充分结合信息传播的有效途径，实现教育内容传播的载体创新；另一方面，还可以融合多种终端传播的优势，促使线上和线下知识输送的同向而行。思想政治教育内容与终端的融合、传播途径与终端的匹配，对于提升教育客体的阅读兴趣，实现信息传播方式的多样性、动态化，增强主流思想政治教育的有效性起着重要的作用。

3. 构建教育矩阵格局，实现教育效果的最大化

媒体融合是一个全新的生态系统，是在互联网思维下重新建构起来的、以共享化和智能化为特征的融合媒体产业生态系统。它的发展在整体上呈现出多元融合、多样发展、多种创新的新态势，成为社会各领域信息传播的主渠道。学生思想政治教育工作的开展，要充分运用新媒体技术，做到因势而新，从而进一步明确网络思想政治教育的发展方向。在媒体融合背景下，网络思想政治教育的创新必须实现多平台落地，构建网络思想政治教育的矩阵格局，发挥矩阵作用。

媒体融合的发展不仅带动了各网络平台的功能创新，还促使平台数量呈现爆发之势。思想政治教育内容的传播，不仅要和这些平台抢夺学生的关注，还需要与平台竞争信息覆

盖率，这无疑构成巨大挑战。对此，思想政治教育要改变传播方式、创新传播手段，利用媒体融合带来的传播优势，一方面，开拓如“学习强国”等思想政治教育类APP，并在受教育者群体中充分推广；另一方面，要积极与其他信息传播平台融合，实现“借船出海”，借助现存的多种平台，推送思想政治教育内容，促使多平台的落地。

同时，构建网络思想政治教育的矩阵格局。矩阵格局对网络思想政治教育具有重要意义，应根据不同平台和不同青年社群的特点制订教育方案，形成有针对性的新媒体矩阵。媒体融合背景下的矩阵，是指依托互联网数字技术和多种媒介载体组成的，具有系统性、同一性、动态性、自由组合、立体性等基本特征的动态媒介系统集合，包括微博、微信、播客、博客、慕课、数字电视、手机电视、客户端、虚拟社交以及HTML5等。

媒体融合的矩阵既是平台矩阵、渠道矩阵，也是内容矩阵、传播矩阵，它能够依托多种网络平台对学生进行思想引导、内容制造、主流传播、文化演绎和舆情监控。思想政治教育要发挥矩阵作用，就要依托互联网数字技术充分融合多元化的网络平台和教育内容，运用多种媒介，结合教育主体、客体、环境的动态发展，实现优势整合，增强教育内容的影响力。例如，教育内容在传播的过程中，同时以微信、微博、微视频、客户端、网站等多种网络平台为媒介，促进教育内容传播在时间和空间上互补，从而使教育内容的传播形成动态的价值系统，发挥“1+1>2”的矩阵作用，实现教育效果的最大化。

二、强化新媒体内容和技术控制手段

（一）设置合理“议程”

传播学中的媒介“议程设置”理论暗示传播媒介是从事“环境再构成作业”的机构。换言之，传播媒介对外部世界的报道不是“镜子”式的反映，而是一种有目的的取舍选择活动。从本质上说，“议程设置”理论是不同地位的政治、经济和社会势力对舆论进行控制的博弈。作为一个开放的系统，网络应该报道哪些议题，强调哪些议题，为网民提供一种怎样的人生观、价值观和世界观导向，这些问题随着网络与人们生活联系的越来越紧密而变得十分迫切，网络传播的议程设置功能与社会舆论导向的作用也越来越受到重视。在思想政治教育中，充分利用新媒体议程设置的强大功能对学生进行正确引导显得至关重要。

首先，掌握新媒体的发展规律，抓住参与者特别是学生新媒体参与的心理特点，设置有效的新媒体议程，做到先入为主。

其次，加强专业知识学习和新媒体信息处理能力，在面对新媒体疑难问题时能凭借自身权威的分析予以引导，并在面对海量复杂的舆论信息时能理清思路、找准矛盾、化解纷扰，争做“意见领袖”；同时在议题设置中，一定要坚持真实、无偏见，在反映社会现实的同时，引导正确的新媒体舆论，这对加强学生思想政治教育引导具有深远的影响。

（二）舆论引导“领先一步”

传播学认为，媒介引导舆论是一个不断设置媒介“议题”的过程，在这一过程中，媒体特别是目前影响范围广泛的新媒体，应该主动关注社会热点问题、实现舆论监督、疏导舆论险情。各大媒体只要一发现问题的苗头，就必须做到舆论引导“领先一步”，即马上整理背景信息、梳理事件过程、分析事件原因、警告事件后果和危害，并制定防止此类事件再发生的对策等，而这一切必须在媒体与受众建立了稳定信任关系的前提下才能在极短的时间内完成。

思想政治教育要做好舆论引导，承担巨大的社会责任，就必须在日常工作中进行必要的舆情监控。实际上，舆情只能监测或掌握，而不能实施控制监管，如果真的完全控制民意则是对民意的践踏和法律的侵犯。舆情监测的目标不是监督并控制民意，而是采用技术手段，达到了解社会民情，挖掘民意，从而辅助国家决策，为科学决策与和谐社会建设更好地服务。

思想政治教育在主要对学生群体进行新媒体引导的过程中，只有紧扣社会热点，在舆情监测的基础上，提前就学生关注的热点问题进行议题设置，无论是对信息的发布还是舆论的正向引导，在“领先一步”的前提下都会有效避免舆论事件发生后封堵补救的被动与尴尬。

（三）设置“观察员”与“消防员”

从传播学的角度来讲，新媒体的开放性使传统的“把关人”和“意见领袖”等角色有所淡化，但是淡化并不意味着消失。在这种群体交流的互动空间里，“把关人”和“意见领袖”等角色的作用是不容忽视的，因此，设置新媒体传播舆情“观察员”和“消防员”是十分必要的。

近年来，全国两会期间，人民网都会利用媒体手段特别是新媒体手段全程关注会议动向，正确引导舆论。新闻主播与网友面对面在线交流，他们针对网友们关注的热点话题采访代表与委员，并在线直播采访过程。这样的方式打破了传统媒体“我播你看”的束缚，变成“我点你播”的方式，使新闻报道更有针对性和选择性。在新媒体报道的同时，众多网友实时在线进行留言评论，留言管理员成为重要的新媒体舆情“观察员”，他们把网友的评论整理和分类，好的建议提供给政府相关职能部门采纳，负面的甚至恶意中伤的则通过技术处理或由舆论领袖公开引导驳斥，这样便建立起及时的新媒体舆情反馈处理机制，对舆论的引导起到了积极的作用。

思想政治教育在运用新媒体进行引导的过程中完全可以借鉴这种模式，“观察员”及时关注新媒体信息在学生中的流动与反映，既能及时发现学生关注的兴奋点和接受的易入口，可以及时切入有针对性的教育内容，也能及时发现并收集、整理负面的新媒体信息，由“消防员”分门别类做出相应的处置，这既能提高新媒体引导效率，也能提高引导质量。

（四）加强内容的技术监控与过滤

就新媒体的技术控制而言，必须制定全局性的具有超前意识的发展目标和相关产业政策，既要控制新媒体技术的不规范发展，又要不断完善新媒体管理技术，以保证新媒体技术的科学性和有效性，从而建立一个功能齐全、全局协调的安全技术平台，为我国新媒体监督提供更强有力的支持，为新媒体环境下学生的思想政治教育引导提供技术保证。

我国通过最新科技手段，在防止和过滤不良信息、打击网络违法犯罪等方面，取得了一些成果。很多软件可以在服务器入口防堵不良信息，过滤负面言论，封杀有害信息，保持互联网健康、积极向上的主流舆论。

新媒体防火墙技术就是一种用来加强新媒体之间访问控制的特殊媒体互联设备的技术，它对两个或多个网络媒体之间传输的数据包和链接方式按照一定的安全策略进行检查，来决定新媒体之间的通信是否被允许。其中被保护的媒体成为内部媒体，另一方则成为外部媒体或公用媒体，它能有效地控制内部媒体与外部媒体之间的访问及数据传送，从而达到保护内部媒体的信息不受外部非授权用户的访问，进而过滤不良信息的目的。

只有建立和完善媒体安全防护、信息过滤、信息适时监测与跟踪、路由路径控制等系统技术，构建有效的媒体技术防控体系，才能真正把控媒体内容的正向性和可用性，才能为真正占领新媒体新阵地并拓展思想政治教育新空间创造基础条件。

（五）制订合理有效的新媒体预案

合理有效的预案可保证在危机发生时获得最大限度的主动权，新媒体传播舆情危机的应对也不例外。《国家突发公共事件总体应急预案》在制订新媒体传播舆情应急预案时，通过分级设置，每一等级都由不同级别、不同范围的力量参与危机应对，根据危机的等级，调动与之对应的资源和力量进行危机化解。一个优秀的预案就是一本好的操作手册，对危机发生时的具体处理步骤，都应做明确而细致的规定。但预案大多是原则性规定，缺少具体的操作指导和演练。要做到预案求实，不仅要有危机发生后应对各种可能情况的多套行动方案，更要通过教育、培训、演练等手段，提高领导者的指挥能力和职能部门的应变能力。

针对新媒体传播速度快、范围广和学生好奇心强、对信息高度敏感的特点，要未雨绸缪，事先制订新媒体舆情危机应急预案，绝不能只做事后诸葛亮。建立了新媒体应急预案，舆情危机发生后，就能立即启动应急预案，让不同级别、不同范围的力量从不同的角度参与危机应对，及时、准确发布有关信息，澄清事实、解疑释惑，主动引导网上舆论，维护学生群体的思想稳定，最大限度地避免、缩小和消除突发新媒体事件造成的负面影响，营造良好的舆论环境。这将有助于争取在最短时间内解决危机。

三、以新媒体思维发挥教育载体合力

传统思想政治教育模式具有稳定性和权威性，新媒体出现以前是用传统的方式灌输内容给学生群体，进而达到对学生思想品德的塑造和优秀人才培养的目的。但是传统的思想政治教育模式也有较为明显的不足。具体表现为受限于时间和空间、传播范围辐射面小、受众接收效果较差等方面。因此，要生成新媒体时代下的新型载体合力，强化思想政治教育的目的性。新媒体平台提供了更全面、更丰富的教学内容，学生媒介素养需要系统学习和提升。教育者能够在新语境下阐发清晰的逻辑观点，通过新媒体环境下整合思想政治教育的内容体系和知识框架，生成载体合力，搭建完善的思想政治教育工作平台，实现思想政治教育育人效果的最大化。

（一）转变教学方法，科学设计教学内容

思想政治工作从根本上说是做人的工作，必须围绕学生、关照学生、服务学生，不断提高学生思想水平、政治觉悟、道德品质、文化素养，让学生成为德才兼备、全面发展的人才。思想政治教育工作创新开展需要树立阵地意识，巩固意识形态的主流地位，转变课堂教学讲授方法，提高新媒体对学生思想政治教育的重要性和紧迫性认识，将新媒体的优势和特点自觉地融入学生思想政治教育工作体系中，用正确的立场、观点和方法弘扬时代主旋律。

课堂教学是学生接受思想政治教育的主要传播渠道。学生正处于知识学习、经验积累的关键时期，他们具有发散性思维，课内外活跃程度较高，对外部环境充满了好奇，能够深层次地思考、研究和解决问题，具有一定的判断能力。传统的课堂理论讲授已无法满足当下学生的需求，被动的灌输理论课程、填鸭式的教学手段很难激发学生的学习兴趣。学生思想政治教育载体应该扬弃传统的封闭和被动的教学模式，而转入主动地引导、师生互动开放的教学模式。

教育工作者可以根据学生思维特点、学习方式和课程的教学目标进行整体考量，科学设计教育教学内容，通过新媒体网络技术和音频、视频、图文等技术手段的综合运用辅助

课堂教学。教育工作者结合教学大纲灵活调整课堂讲授方法，将抽象的理论概念设计成为生动的教学模型，将枯燥无味的理论宣讲适度转化成学生感兴趣、易于接受的网络话语课程，通过发挥新媒体传播作用，逐步提升学生思想政治教育开展成效。网络话语的生成和运用，既是网民的话语沟通特点和表达方式，又是学生在虚拟与现实之间交错的生活方式。对学生要做到因材施教，实现课堂互动，重新设计教学内容，提升课堂讲授质量，激发学生的学习动力，转化学生的学习成果，高标准地完成学科规定的教学任务。

（二）发挥社团影响力，加强校园文化建设

思想政治教育要改革教学方法，创新教学艺术，形成第一课堂与第二课堂、理论教学与实践教学、课堂教学与网络教学相互支撑。学生的第二课堂是相对于第一课堂而言的，第二课堂不限制于教室、书本，是素质教育的重要组成部分；第二课堂学习范围广阔，课程教学灵活多样，课程内容丰富多彩、生动活泼。精彩纷呈的社团活动为学生思想政治教育补充了新的内容，辅助学生在日常生活中接受正确的思想理念和价值引领，落实了理论到实践环节的操作过程，社团组织进一步完善了学生思想政治教育的任务和目标，取得了显著的成效。

新媒体时代，学生社团活动组织和策划愈加富有特色，丰富了校园文化的形成。积极向上的校园文化能够净化学生的心灵，培养学生健康的学习生活习惯。新媒体时代先进的教育理念和不断发展的科学技术，源源不断地为校园文化注入新的活力，教育工作者应重视社团影响力的发挥，定期组织社团主题活动，如科技主题、红色主题、环保主题等学生社团活动，融入思想政治教育的相关理论知识、学科知识，寓教于乐的同时也提升了学生社团的影响力。

教育工作者可以进行校园文化功能补充和完善，将数字化、网络化、信息化教育内容融入社团活动日常设置，根据计划和进程科学设计活动内容，做好组织和保障工作。不断完善校园文化基础设施的全方位建设，特别是要加大智慧校园建设对人、财、物的保障性投入。这些举措为学生社团组织工作开展提供了更加有力的保证，同时也有助于锻炼和提升学生课外学习能力，调动了学生参与社团活动的积极性和创造性，使学生能够通过参与社团活动获取课堂外的文化知识和操作技能。

营造健康的校园文化与和谐的校园氛围，有助于有效发挥新媒体在思想政治教育过程中的功能。学校应做到新媒体教学与传统教学互补互助、协调发展，发挥新媒体在大学生社团活动中的引导作用，整合有效资源，通过精心组织的社团活动扩大影响力，让健康和谐的校园文化融入学生日常生活，提升学生的思想品格和人格魅力。

（三）搭建网络桥梁，强化“平等对话”

搭建畅通的网络桥梁，教育工作者应积极整合新媒体资源，创造优质内容，改进方法创新，将新媒体的使用延伸到学生的实际生活中，通过与学生进行平等对话，实现生活上的深入交流、学业上的悉心指导、信仰和理想的认同，进而融入大学生的圈子。通过网络桥梁进行即时沟通，引导学生在虚拟世界中放下戒备、敞开心扉，将真实想法和情绪展现出来。

思想政治教育工作者通过新媒体平台引导学生树立正确的理想信念，进行良好的人际交往，形成积极向上的学习态度，拥有丰富多彩的日常生活内容，进一步通过新媒体平台为学生“答疑解惑”。

思想政治教育工作者可以科学运用网络搭建虚拟互动平台，找出学生存在的学业问题、思想问题、情感问题等，并进行总结分类，探索科学有效的解决办法，有效化解学生的思想负担。只有在面对面的现实教育交流外，通过网络平台加强师生互动和相互了解，创造和融入对学生有利的生活和成长空间，才能把育人工作落到实处。

教育工作者在媒体网络教育引导中要注重把控网络舆情，做好网络监管和反馈。学校可以组成专兼结合、反应灵敏的网络评论员队伍，采取“宜早不宜迟、宜疏不宜堵、宜解不宜激”的策略和“区分性质、讲究策略、把握时机、冷静处理”的要求。运用技术手段辅助营造健康的新媒体环境，通过专业队伍加强网络信息的监管，保证网络信息的安全性、即时性以及网络桥梁的畅通无阻。

第六章
新媒体时代思想政治教育的实践创新

第一节 新媒体时代偶像效应在思想政治教育中的实践运用

“每一个时代都需要榜样和偶像，引领社会风尚。榜样和偶像是时代的产物，具有社会示范效应。”① 社会效应是指因某一个人或者事物的行为或者作用，而引起其他人或者事物产生相应变化的因果反应或连锁反应，也是日常生活中比较常见的一种现象和规律。社会效应中包含许许多多种不同的效应模式，偶像效应是社会效应的一种表现形式，因此，偶像效应也具有与社会效应类似的定义、效果、影响与形式。按照社会效应来解释偶像效应就是：偶像或者榜样本身及其所做行为在产生之后就会引起粉丝群体产生相应的变化，具体体现在经济、文化等方面。

进入新媒体时代之后，偶像的定义开始逐渐指向与特定的职业，而名人志士则以“榜样”来称呼，这两个词语的定义也被分割开来。新媒体时代偶像效应，则是指在新媒体条件下所兴起的娱乐性、商业性偶像对社会所起到的社会影响与社会效应。然而新媒体时代所推崇的偶像，应该是指能够在各行各业大放异彩，又能够在理想与精神上为年轻人树立起榜样，影响年青一代效仿其行为的仁人志士，才是真正的偶像，这样的偶像与商业化、娱乐化的偶像不同，但也应得到宣传与推崇。这些榜样式的偶像带来的影响力，也才能被称为偶像效应。

既要运用商业化偶像所具有的偶像效应，同时也要兼顾榜样式偶像所具有的偶像效应，将两者与思想政治工作良好结合起来，才能够真正地做到促进新媒体时代思想政治工作创新改革。

---

① 邱伟光．大学生榜样和偶像的示范价值与育人效应［J］．思想政治课研究，2014（5）：40.

一、新媒体时代偶像效应的社会成因分析

偶像效应具有超强的影响力与粉丝对偶像的狂热崇拜有密切关系。通常来说一位时下正红的偶像无论做什么都会有粉丝模仿，关于他的一切都会被粉丝群体关注，在任何网络平台上发布的相关消息都会吸引大批的粉丝群体进行评论、点赞、转发等行为，一些投票等活动也会因为粉丝群体的狂热而使偶像本人获得较高的票数，除去这些为了偶像消费的行为以外，粉丝也会做许多更有意义的事情，粉丝群体的公益事业一直以来都是偶像文化内被称赞的行为，并且大多数都规模颇大，由后援会、应援站牵头，以偶像本人的名字来组织集体性公益活动。新媒体时代的偶像效应具有全然不同的影响范围，影响力也是前所未有的，而其产生也具有多种多样的原因。

要探究其社会成因，需要从新媒体时代偶像效应能够产生的社会基础等多方面入手，厘清这些因素之间的关系与变化，才能够了解到偶像效应的社会成因。新媒体时代的偶像效应能够产生主要有三个方面的原因：社会环境变化、粉丝群体变化与大数据模式兴起。这三个因素综合在一起之后，就催生了新媒体时代的偶像效应。

（一）社会环境变化

1. 新媒体发展

新媒体时代提出的"互联网+"模式，本质是"互联网+各个传统行业"，它利用互联网作为交流平台，促进了各行各业之间的关系，甚至可以将多个传统的，看起来没有任何关联的行业结合在一起，形成一个巨大的数据库，从而实现各行各业之间的信息交换。"互联网+"模式利用了互联网的信息高速传播优势与集成作用，把互联网与社会经济发展的各领域紧密结合起来，促进各行各业迅速改革，使经济在短期内得到了高速发展。这种模式不仅是新媒体时代的产物，更是新媒体时代的一个特征。

新媒体的蓬勃发展是全球化的一个显著特征。激烈的竞争与互联网的发展，再加上新媒体载体的发展，提供了全新的发展环境。越来越多的外来文化不断向国内输入，民众与互联网的联系越来越密切，使用微博、微信等新媒体社交平台的时间也越来越长，能从互联网上接收到的信息也越来越多，总而言之，在互联网日益发达的现代社会中，传播媒体的不断革新促进了各种思想的传播与革新，以微博、微信、自媒体为主要形式的新媒体在日常生活中所占的比重越来越大，新媒体以其独特的时效性和迅速传播性改变着民众的价值观念和行为方式。

与此同时，新媒体的发展带来了全然不同的舆论环境，互联网技术的发展，使得各种

社交媒体层出不穷，加快了社会信息的传播，同时也冲击了传统媒体，例如，报纸、杂志的传播，也增加了对信息的管理难度。与传统媒体不同，在互联网上发布的信息缺乏筛选，准确性和完整性都难以保证，而且控制信息流向具有一定难度。新媒体的发展给人们带来了极大的舆论自由空间，公众舆论能够在短时间内形成，并且引起关注。官方舆论的发展却一直很难得到如同公众舆论一样的关注度，甚至有时会造成大范围地对官方舆论的误读。新媒体时代的偶像产业，则是依托这样完全不同的舆论环境，做到了将偶像迅速地推送到大众面前，并且能够做到在短期内形成较大范围的影响。

2. 市场经济

中国的互联网用户数量庞大，不仅让中国各行各业看到了巨大的商机，国际上同样看到了中国这个巨大的互联网市场，纷纷抓住这个巨大商机，在互联网的推动下迅速地发展自己的产业。观念上层建筑包括政治法律思想、道德、宗教、文学艺术等意识形态，并且具有相对的独立性，这种意识形态能对经济基础起到能动的反作用。意识形态作为人类社会所独有的一个特点，它的形成发展依然还是依赖社会发展的物质水平条件。中国经济的发展也经历了几个阶段，从物质条件不够充足的计划经济阶段到发展具有社会主义特色的市场经济的过程中，市场经济最早也是作为一种意识形态出现的，市场经济的发展是经由市场经济这一意识形态推动的，反过来市场经济作为一种意识形态被民众接受也是由于市场经济蓬勃发展的原因。

在经济全球化的发展过程中，市场经济逐渐发展为一种主流的意识形态，这种意识形态的发展不仅进一步促进了市场经济的发展，使人们的物质生活水平不断得到提高，同时也对人们的思维方式、思想及价值观念形成了极大冲击，这种冲击是无法避免的，并且会让民众的思维方式等产生无法逆转的改变，传统的观念已经跟不上现今社会的发展。

随着市场经济的发展，中国社会主义市场经济也逐渐与全球化的经济市场接轨，这给中国社会的发展带来的不仅是商机与机遇，也带来了巨大的挑战。随着国际贸易的快速发展，多元的社会思想与意识形态同样也进入了中国，意识形态的差异会使两国甚至多国在交流的过程中产生意识形态领域的冲击，这种冲击不仅是针对意识形态，更针对中国的传统优秀文化，会削弱民众对中华文化的认同感与传承欲望，更不用说民众的价值观念等也会受到冲击，甚至会认为自己所持有的价值观念毫无意义。因此，在新媒体时代的偶像效应表现出了与传统的偶像效应全然不同的状态与影响方式。

（二）粉丝群体变化

探究新媒体时代偶像效应的产生，必须了解清楚与偶像息息相关的粉丝群体在新媒体时代的变化，从多方面来总结出新媒体时代粉丝群体与过去粉丝群体的不同之处之后，才可以较好地了解新媒体时代偶像效应产生的原因。

1. 成长环境

市场经济的蓬勃发展，为社会建设提供了丰富的物质基础，提高了社会生产力，从而提高了人民的生活水平。物质决定意识，社会存在决定社会意识，只有当物质生活水平提高到一定程度，人民解决了日常温饱问题，才会开始追求更高、更好的精神文明生活。

在偶像文化中，无论是哪个时代崇拜偶像的都是青年一代，进入新媒体时代之后这样的特征越来越明显。新媒体时代与先前相比，具有丰富的物质生活条件和多彩的精神生活内容，因此，对于青年一代来说，拥有良好的物质生活条件和开放宽松的思想氛围，也拥有了全然不同的生活环境与社会环境，会对多方面都产生影响，但从偶像崇拜这一行为来说，体现出来的是价值观念、审美观念等的变化，从而引起了全然不同的偶像崇拜模式。

新媒体时代的青年是新媒体平台的主要用户人群，他们物质生活条件相对充足，在物质生活条件较好的基础上，青年一代不会再为物质生活而投入过多的注意力，生活得也更加自由、随心所欲，于是便开始追求更高的精神文明生活，也更愿意为自己的理想、喜好消费，追星活动不仅是使心灵和精神得到满足的一种行为，也是青年一代对于理想、情怀的憧憬与追求的体现。

2. 价值观念

社会主义市场经济的发展不只是提高了社会经济水平，更多的则是从积极的一面改变了人们的思维方式和价值观念，解放了人的思想，唤醒了人民的意识。自从改革开放，政府放宽对市场经济的限制，社会主义市场经济开始从建立走向发展，再到成熟的过程中，人民的视野也随之不断开阔，社会建设也越来越接近社会化，接轨国际化。同时也让人们意识到，政府政策的改革与每一个人都息息相关，从而让人们更加关注自己国家的发展状况，都积极地参与到对国家、社会的建设中。同样，市场经济的发展，加速了人们现代意识观念的形成，实践活动开始呈现多样化的特征，并且表现出具有现代意义的竞争、创新等意识。这些能够适应现代化社会的意识观念逐渐与社会主义市场经济融合在一起，成为一个完整、完善的意识形态。

在接受现代化的思维模式的同时，也会受到外来多元文化的冲击，青年一代表现出来的价值取向带有享乐、消费主义的特点，会乐于为自身需求而进行消费。由于社会就业与竞争压力的影响，青年一代在潜移默化中形成了想在残酷的社会竞争压力下寻找到一个精神和心灵支柱的想法，能够得到精神上的慰藉，从自身和生活环境周围寻找无果之后便将目光投向了偶像，在追星活动中粉丝群体可以获得心理上的满足和精神上的慰藉，进一步也会更加崇拜自己的偶像，因此，在追星活动中粉丝会将偶像带来的影响不断扩大，最终形成在一定范围内影响巨大的社会效应。

3. 审美需求

粉丝选择偶像的最主要也排在第一位的因素就是容貌，在新媒体时代的偶像崇拜行为中，粉丝会选择形象良好，具有独特气质，符合自己审美要求的偶像作为自己的偶像。审美需求体现出的是自我认知的变化和社会接纳度的提高，而符合当代审美的偶像通常来说都可以在一定时间内获得大量粉丝，从而带来一定程度上具有影响力的偶像效应。

（三）大数据模式兴起

1. 造星模式

在新媒体时代以前，国内传统偶像的成名模式有着一定的规范：先产生作品，借助经纪公司的包装与策划，通过媒体的宣传与影响，从而能将偶像推送到大众面前。而新媒体的出现使这种传统成名模式出现了简化，韩国造星模式传入中国，使其出现了巨大的变化。

新媒体时代对于偶像有一个特殊的称呼——“流量”，指的便是通过新媒体时代的创星模式产生的偶像。这样的偶像成名之时没有能够证明自己实力的作品，甚至都没有作品，只有外表与在一些电视节目中的表现便可以迅速圈粉，具有一定规模的粉丝群体，再通过粉丝群体的追星活动——打榜、投票等，在各类大数据平台的排行中占据前列，从而引起媒体的关注，媒体在此时才会开始对偶像进行宣传，才能够真正推送到大众面前。

2. 偶像产业

在新媒体时代，偶像的成功与否直接与数据挂钩，代言商品的销量，杂志的销量，各大网络平台上的话题热度等，这些也是偶像背后的经纪公司为了盈利而需要注重的，为了使偶像具有一个较好的数据，让更多的人关注到偶像，经纪公司也必须想办法来扩大偶像的知名程度吸引更多的粉丝。在这个过程中，经纪公司就会有意识地对偶像进行各方面的宣传，数据良好的偶像就会得到经纪公司更好的运营，反之则会被放弃。新媒体偶像得以产生也依赖大数据，这种全新的造星模式冲击着中国的偶像产业。

与偶像产业息息相关的还有粉丝经济。在我国互联网不断发展，新媒体不断崛起的今天，粉丝文化与粉丝经济已经成为文化产业中不可忽视的一部分，资本利用粉丝对偶像的喜爱，运营起偶像产业，从中获取了不小利润。换言之，新媒体时代偶像文化能够得以迅速发展的一个先决条件就是粉丝经济的推动，偶像崇拜带来的巨大商业价值和市场潜力让资本家们看到了偶像市场的优越之处，因此，资本选择了偶像市场，将资金投入这个市场中，从而又促进了偶像文化的蓬勃发展。

与传统的偶像以及更早期的榜样不同，新媒体时代的偶像更接近于“产品”，经纪公司通过一系列的“包装”，借助新媒体这一高速传播载体将符合民众审美、能够吸引民众眼球，具有一定才能的偶像推送到民众面前，与传统的偶像运营方式不同，这样的运营方式缩短了粉丝与偶像之间的距离，将两者之间的信息传播变为双向交流，也加强了两者之间的互动性，无形中也提高了粉丝对偶像的黏着性，提高了偶像对社会的影响能力。在新媒体时代，偶像的一言一行更容易被粉丝、被民众看到，也提高了引导管控的能力。

二、新媒体时代偶像效应在思想政治教育中的运用对策

新媒体凭借其得天独厚的传播优势，使得偶像文化得以蓬勃发展，让粉丝群体在网络上有了更多的与偶像“直接”交流的渠道和互动机会，但也由于新媒体快速的特点，造成了引导、管理机制跟不上发展速度。为保证青年一代的健康成长和社会发展的长治久安，从思政角度来说，必须加强党的思想政治工作，自上而下地对偶像进行引导，保证偶像效应能发挥其积极作用。

（一）新媒体时代加强思想政治工作的运用原则

1. 坚持党的指导方针开展工作

无论在什么时期，党的思想政治工作方向都是稳定不变的，牢牢把握住党的思想政治工作方向不动摇，并且需要针对新媒体这一时代背景和特点不断更新思想工作的方式、理念和机制，使其更加平民化、亲民化、通俗化，以达到广泛教育的效果，同时也要保证良好的宣传效果，民众对于宣传的思想意识印象深刻。

互联网发展到成熟的阶段来看，就是整个地球的联系从零到整的过程，经济全球化和“地球村”的概念提出就是最好的证明。和平与发展是当今时代的主题，因此，国与国之间的较量是综合国力的竞争，尤其是经济与科技这两方面。在国际社会中的话语权通常是由这两者来决定的，而要推动这两者发展，尤其是科技发展就必须不断地进行创新。互联网的普及促使了科技的高速发展，也使国际竞争越来越激烈。要保证中国全民族的思想根基不动摇，思想政治工作就必须不断改革创新，将互联网紧密地与宣传工作结合到一起，充分利用新媒体才能够把握住时代脉搏，在国际社会中站稳脚跟，提高民族自信与归属感，促进社会发展。在整个大环境都发生巨大变化的前提下，只有针对新形势、新问题，做出改革创新，使思想政治工作机制符合新时代的新要求，才能够不断促进思想政治工作进步，从而推动社会与民众全面发展。

从中国共产党成立以来，思想政治工作就是党建工作的突出特点之一，它不仅是党的执政能力的体现，也是将人民群众牢牢凝聚在中国共产党身边的重要工作、宣传方式。只有将党的先进、优秀思想传递进人民群众的心中，才能得到人民群众的支持和拥护；也只有在得到人民群众的支持和拥护之后，中国共产党推行的方针和政策才能得以顺利推行。无论在哪个时期，中国共产党都坚持着这样的原则与准则，到了新时代，面对互联网和新媒体这些全新的环境，面对中国经济发展的全新形态，面对中国社会发展进入的全新阶段，作为执政党，中国共产党也需要顺应这一时代潮流，总结反省传统的思想政治工作模式是否还适用于如今的社会形式，如果不适用又需要做出什么样的调整改变，又要如何借用新媒体平台进行思想政治工作，才能使思想政治工作的效果达到最优化。

2. 与时俱进的工作方式

在多种意识形态混杂的新媒体时代，官方化、书面化的宣传总是容易被娱乐化、商业化的宣传盖过。如果借助偶像带来的偶像效应来进行宣传，则会在一定程度上缩短距离感，让官方化的宣传内容变得更为亲民化、大众化。中国共产党自成立以来就在进行榜样教育，榜样教育与偶像的社会活动一样，可以对社会产生影响力，产生社会效应。偶像效应是否能在一定程度上等同于一种亲民化、平民化的榜样教育，在政府的有效引导之下，能够达到榜样教育的效果。

榜样教育一直以来都是党的思想政治工作的重要组成部分，这是弘扬主流价值观的重要教育方法之一。任何社会都需要依靠一定的社会道德标准与理想信念的宣传，才能够不断地促进社会全面发展，而不会出现因为经济发展而精神文明建设缺失的状况。在新媒体出现以前，榜样教育采取的方法大多都是传统的，通过让榜样人物本身进行演讲教育，通过政府有意识地在生活中进行多种宣传来进行的，而在新媒体这一特殊定语之下，榜样教育同样表现出了全然不同的特点。

“互联网+”模式不仅是新媒体时代的产物，更是新媒体时代的一个特征。这种在经济领域已经被证实是可行的，因此，这种模式同样被运用到了党的思想政治工作中，影响着党的思想政治工作的方方面面。教育方式得以拓宽，民众可以利用各种便携终端来获取自己所需的知识与信息，榜样教育的教育模式同样在这样的前提下得到了丰富的发展，并且民众能够接收到的内容更加丰富，选择范围更加广泛，学习时间也更加自由与有效。为了使民众注意到榜样，首先要做的就是吸引民众的注意力。不仅要让民众将注意力放在榜样身上，也需要让民众注意到榜样的人格魅力与先进事迹。传统的教育模式下，民众会感觉到榜样与自身之间有距离感，接收方式也都是被动的，很少有主动注意到榜样的时候。互联网增强了人与人之间的互动性，使得人们的自主性变强，榜样的宣传不再单一地只依靠国家与政府来宣传，民众会通过社交平台将身边的榜样式人物也传播出来，而其他人通过网络平台则可以迅速地看到这些榜样人物。

除去增强榜样的宣传速度以外，新媒体也增强了榜样教育的影响力。网络平台使得民众与榜样之间的距离缩短，也使民众能够更清楚地认识到榜样的形象，使其鲜活而生动。相较于传统的榜样教育模式来说，新媒体能够让民众以一个全新的方式了解榜样，并且通过不断地宣传，从而加深民众对于榜样的印象，也可以让民众对榜样产生亲切感，消除距离感，更好地感受到榜样对自身的激励与感染作用。

新媒体的传播迅速特性给对榜样的效仿提供了良好的前提条件，其覆盖面广、信息丰富的特点则能够给民众提供正确的效仿方式，既能确保榜样教育的效果，也能为榜样教育的行为再现创造条件，自始至终地保障榜样教育的效果。

3. 遵守客观发展的规律

新媒体时代给党的思想政治工作带来了全新的发展契机，互联网经济的蓬勃发展为中国共产党在新媒体时代进行思想政治工作，提供了良好的思路与方向。因此，在新媒体时代要做到将党的思想政治工作与新媒体载体紧密结合起来，使新媒体平台成为党的思想政治工作的主战场。在依托新媒体平台进行思想政治工作时，必须认清互联网给思想政治工作带来的挑战。在新媒体的冲击下，传统媒体和依托传统媒体进行思想政治工作的工作方式已经无法再维持原有的影响力，更多的受众都转移到了新媒体平台上，因此，党的思想政治工作阵地也需要发生改变，传统的教育方式同样也需要改变。新媒体的出现使得信息交流表现出双向性的特征，因此，单纯地将思想、政策灌输给受众已经不是有效的方式，比起灌输式的教育方式，受众更容易接受带有交流互动的教育方式。

选择适合新媒体时代的思想政治工作方式，因地、因时制宜地提出改革创新思路，不断使思想政治工作贴合时代特色，能够被最广大的人民群众接受，才是在新媒体时代进行思想政治工作需要遵循和参考的。只有在确保工作方式不会偏离社会要求和时代发展特点之后，才能确保工作进度能够逐渐追上时代步伐，也才能确保思想政治工作的成果得以体现。

（二）新媒体时代加强思想政治工作的运用进路

1. 引导树立正确的偶像崇拜思想

偶像教育并不是在新媒体时代才提出来的，而是一直都有的。偶像教育最早出现在家庭和学校的早期教育中，通过父母、师长的有意引导和干预，帮助青少年形成一定的世界观、人生观与价值观。在进入新媒体时代后，偶像教育的含义也随着偶像含义的偏移发生了改变，在新媒体时代进行偶像教育也有了更多的要求。一方面，偶像作为公众人物，具有其独特的人格魅力以及巨大的影响力，要通过引导将这种人格魅力转变为偶像教育中所需要的内容，并且借助其巨大影响力来影响粉丝群体乃至广大群众，从而产生积极的影响；另一方面，也需要对因为偶像崇拜所带来的负面影响进行干预，家庭、学校同样可以在这个环节发挥作用，通过主动的筛选、交流等方式，减少不良的偶像崇拜给青少年带来的消极影响。家庭与学校在偶像教育中所起到的引导作用是无法忽略的，不仅能够加强对偶像的认知疏导，也能够培养起对偶像的批判意识，从而能够让青少年主动选择符合社会要求、具有正能量的偶像。

在偶像教育的过程中，不仅应该引导青少年欣赏娱乐化、商业化的偶像，也应该引导青少年学习杰出任务类型的榜样，在完成欣赏学习的前提下，再进行对偶像的多方面认同。在这个过程中，不能一味地进行禁止或者干涉，而应该通过循序渐进的疏导和引导，运用榜样的个人魅力来对受众进行教育，就这一点而言，偶像对于粉丝的影响力与榜样对大众的影响力具有相似之处。不仅如此，偶像与榜样在很多方面都具有类似的特点：从产生来说，两者均不是自然产生的，而是人为推动产生的。榜样是为了构建更加和谐、安定的社会而在各行各业寻找到道德先锋，宣传他们的先进事迹，从而激发人们对其的赞叹和认同，进一步影响、塑造人们的精神世界。

从受众群体来说，榜样与偶像对群体的影响既有主动性，也有被动性。两者的崇拜者在崇拜的过程中都会经历一个精神世界和意识形态领域重塑的过程，这既是被动地，无意识地在接受来自偶像和榜样的影响，也是由于对榜样和偶像的崇拜而主动认同和模仿的过程。崇拜者对榜样和偶像的选择都具有主观能动性，在榜样与偶像不再符合个体要求时，崇拜者便会选择不再崇拜，任何外力都无法强迫崇拜者崇拜一个榜样，喜爱一个偶像。两者的出发点都是喜爱与认同，也因喜爱和认同而进行学习。从传播角度来说，两者的宣传都需要借助外部的力量，需要依靠大众传媒来发挥其作用。在宣传传播这一点上，进入新媒体时代之后，榜样的宣传力量就无法比拟偶像的宣传力量。市场经济的发展带动了物质条件的发展，从而使人们开始追求更高的精神文化生活，希望能有更高的娱乐性，而榜样教育是严肃的，天然缺乏娱乐性，偶像则恰好具有这样的娱乐性，便更容易被大众接受。

但同时，榜样与偶像之间也具有较大差异，不能否认一部分偶像借助其出色的个人魅力与工作态度获得了庞大的粉丝群体，这样的偶像在进行社会公益事业回报社会时对粉丝产生影响，促使粉丝也跟随偶像的步伐展开公益事业来回报社会。这样的偶像不仅具有新媒体时代偶像的娱乐性，也具有榜样所需要的一些精神特质，在一定程度上可以称为榜样型偶像。判断一个公众人物是否可以称为榜样的主要因素是看其行为是否具有利他性，是否用自己所得来回报社会。在思想政治工作中发挥偶像的榜样作用，不仅能够有效隔绝一些非主流意识领域形态的冲击，更能够帮助青年一代树立起正确的人生观念、价值观念、偶像崇拜观念。

在进入新媒体时代后，除了商业化、娱乐化的偶像被大众广泛了解以外，也有许许多多的名人志士经由新媒体平台而被人得知。他们才是新媒体时代应当得到崇拜的偶像，才真正是新媒体时代应当得到宣传的偶像效应主角，对于中国共产党在新媒体时代的思想政治工作来说，这既是时代精神在当代的拓展与延伸，也是新媒体时代真正值得借鉴与发扬的思想政治工作内容。发挥名人志士的偶像德育作用，同时又运用偶像德育作用来规范商业化、娱乐化的偶像产业，使其走上一条符合社会需求、符合社会主义核心价值观念、能够真正起到引导作用的发展道路，能够良好地发挥其偶像效应，才是新媒体时代运用偶像效应来加强思想政治工作的真正方法。

2. 加强对偶像产业的约束与监管

新媒体时代偶像的出现和火热，对于党的思想宣传工来说具有积极的影响作用，但不可否认由于新媒体时代偶像的商业性质与娱乐性质使其也具有无法忽视的负面影响。然而，在进行思想政治工作时不应该一味地将偶像作为负面例子来进行批判。偶像已经成为新媒体时代的一个组成部分，而且是无法分割出去的部分。因此，也需要通过多种途径来引导、规范偶像效应，只有这样，才能保证偶像效应能对党的思想政治工作起到积极的促进作用。不仅要从制度方面来规范偶像产业本身，也需要发挥新媒体领域对偶像产业的非制度性约束。

（1）发挥制度性约束作用。从制度方面来说，是由于对偶像产业缺乏相应的制度性管理和规范，因而才会让偶像产业的发展不断出现不和谐音。

从群体性的管理、监督角度来说：在新媒体环境下，互联网对于民众的生活越来越重要，新媒体的发展使自媒体层出不穷，网络上的发言也越来越复杂多样。偶像既是影响力巨大的公众人物，同时也是普通人，但因其具有的庞大粉丝群体，粉丝群体容易失去控制，也难以依靠个人力量进行管理和约束，这就需要借助外界的力量来协助其进行管理与约束。因此，就需要建立健全媒体经营和管理机制，确保媒体承担好引导公共舆论的责任与义务，并且要保证以最公正客观的态度，符合要求的职业操守来引导偶像进行宣传，正确引导粉丝进行追星活动，保证偶像文化的健康发展。建立完善、可行的审查标准并且严格执行，针对偶像文化中不符合社会发展要求的部分，要及时进行整改。

从偶像产业的发展角度来说：如同市场经济的发展一样，亟须政府通过强有力的控制手段来规范其发展，这不仅是为了保证粉丝群体与偶像的正当利益，更是为了偶像产业的长期发展。应当建立完善的产业规范，从偶像选拔开始，一直到偶像出道之后的运营，都设立一套完整完善的规章制度，规范偶像产业的运行。这不仅有利于偶像产业的健康发展，也能够一定程度上从生产一方保证正确健康的偶像崇拜观念形成。

从社会资源分配的角度来说：在社会资源的调控之中，政府应该承担主要的责任与义务，应当针对娱乐圈的报酬，有针对性地对分配制度进行改革，平衡明星与其他行业之间的报酬差异，同时，健全相应的纳税机制，保证每个公民都尽到其应尽的社会责任，缓和民众与明星之间的矛盾，发挥出偶像的积极社会效应作用，从而引导社会又好又快发展。

（2）发挥新媒体领域的非制度性约束作用。制度性的约束是强制性、具有不可逃避性质的，除此之外也要加强非制度性的约束，有意引导民众与偶像自发地进行自我约束。偶像效应对社会各方面都有不可忽视的社会功效，其也只能通过偶像崇拜这一形式才能产生，如何对偶像崇拜加以引导，最大限度地发挥其所带来的偶像效应的积极效果，是需要不断思考的。

从文化根本上来说：需要发扬民族优秀的传统文化。传统文化是一个民族的立足之本，中华传统文化是中华文明成果根本的创造力，也是民族历史上道德、文化思想和精神观念形态的传承。文化当今作为软实力，是决定一切的内在驱动力，文化是中华民族思想精神和社会意识形态的体现，是社会政治和经济的根本。在当今时代传统文化与经济政治相互交融，与现代科技紧密结合，发扬优秀传统文化，有助于深入挖掘中华优秀传统文化所蕴含的思想观念、人文精神、道德规范，让中华展现出独特的魅力和风采。只有在传承中华优秀传统文化的基础上发展社会主义先进文化，才能在飞速发展的社会中站稳脚跟。在娱乐化偶像繁荣发展的互联网时代，更需要发扬优秀传统文化，将优秀传统文化中所蕴含的思想观念、人文精神和道德规范融入偶像崇拜中，引导偶像崇拜走上一条符合社会主义核心价值观的道路。

从偶像崇拜方向上来说：需要建立正确的偶像崇拜方式。青年是主要的群体，因此，需要通过多种方式引导青年建立正确的偶像崇拜观念。由于偶像与榜样具有相似之处，如果能构建起将榜样和偶像糅合在一起的联合机制，确立出一条新的偶像教育的新模式，在一定程度上将偶像榜样化。要建设正确的偶像崇拜方式，可以通过这些方式来实行：进一步将偶像平民化，淡化偶像身上被赋予的偶像光环，引导群体看到偶像身为普通人的一面，不再将偶像高端化、神圣化，同时，提高粉丝群体的自我认知高度，提高群体的自我认知，避免自我迷失现象发生；解析偶像成功的原因，抛弃其中不符合社会发展的部分，继续宣扬其中正确的、积极向上的部分；展开对偶像的批判，要将其中糟粕的部分剔除；分析偶像的人格魅力，并进行总结提炼，寻找出一个正确合适的学习方向。偶像崇拜作为网络时代特有的一种文化和心理现象，要肯定其所具有的德育价值与宣传价值。引导青年一代看清偶像的本质，将偶像转变为能够起到示范作用的榜样，并且以正确的方式对其进行崇拜，才是新媒体时代所需要的偶像崇拜方式。

从偶像本身来说：需要对偶像进行道德约束与规范。偶像的一言一行均会影响到粉丝群体，无论是正确还是错误的，都会起到同样的效果。因此，需要通过对偶像的德育，来提高偶像的思想道德修养，从而确保偶像能够树立正确的世界观、人生观、价值观，也才能够将符合社会要求和社会发展的观念传递给崇拜偶像的群体，良好发挥偶像效应的积极作用，从而带动思想政治工作快速改革创新。

3. 培育正面偶像，发挥榜样作用

进入新媒体时代后，偶像成为一种商业产品，娱乐公司在生产偶像时便会对偶像进行从内到外的打造，以求让偶像能够迎合粉丝的喜好，偶像的外形、其从内到外的特质都是社会文化的在各方面的体现，而偶像的特质则会在一定程度上代表一个阶段的人所追求的生活等。这些由偶像产生的精神财富对粉丝造成的影响也许不会明显，但经过时间的推移后就会慢慢显现出来，从短期来看，这些影响只局限于粉丝之间，但如果从长远来看，这些精神财富也会传播到大众身上，以某种潜移默化的形式影响着大众的生活。归纳而言，这是一种从零到一，从一到十，再从十到百的传播过程和影响过程，已形成不可小觑的影响力和推动力。

中央电视台打造了一个以评选年度十大令人感动人物为内容的精神品牌节目——“感动中国”，这是榜样教育为了符合时代要求而做出的改变。从 2002 年创立节目到现在，已经经过了多年时间，从最开始备受关注到现在不温不火，可以看得出来民众对于事物的关注程度与热情是会逐步下降的。对于思想政治工作来说，有时候会体现为计划赶不上变化，工作制度、方式的制定到执行有可能会追不上情况的变化。而新媒体时代的偶像天然就具有了新媒体的特质，将偶像效应与思想政治工作结合起来，能够将偶像效应所具有的特质也自然地过渡到思想政治工作上。以微博平台为例，官媒党媒发布的消息很难迅速传播开，但如果在发布消息时借助偶像，那么就能够以更快的速度传播开来，无论是粉丝群体，还是非粉丝群体，都能够在极短的时间中看到这条消息。

但是偶像的榜样教育作用需要榜样教育来进行引导，从根本上来说，新媒体时代偶像的出现和流行是商业行为，而榜样教育则是宣传工作，偶像的本质是为了追求利益的最大化，而榜样教育则是为了进行思想政治教育。偶像的行为出发点都不一定是正确的，符合社会价值观念的，但由于其影响力因此会带来非常大的社会反应。要保证偶像效应能够起到榜样教育作用，则需要运用榜样教育的引导作用。

从信息传播方面来说，需要加强引导，引导偶像产业在进行宣传时要注重传递偶像的社会价值，要保证偶像传递出来的价值观念符合社会需求与道德规范，虽然由于偶像产业

商业性的制约，偶像在宣传自身的价值观念时会受到一定的限制，但同时偶像也要在力所能及的范围内通过自己的言行主动向粉丝群体传递正确的、具有正能量的，符合社会需求的价值观念与道德规范。

从偶像产生的机制方面来说，需要完善相应的考核机制，培养出具有人格魅力，也能够符合不同人群需求的偶像。青年对偶像的追求往往来自偶像对其的吸引力，从而会对偶像进行模仿和学习，由于这种吸引力很难持续很长时间，因此，偶像也表现出了时效性、更换快的特点。榜样则由于宣传目的不同，从一开始就经过层层考核与挑选，从根本上就保证榜样的价值取向是符合社会需求的，加上社会各界对榜样的不断宣传，因此，从产生机制上来说，榜样具有偶像所不具有的持久性与深远影响。在塑造偶像时提高对偶像的考核力度，对偶像产生的整个过程加以管控、监督，有助于生产出符合社会需求，能够长期存在的偶像。

只有通过多方面的引导之后，才能生产出符合社会需求、符合社会主义核心价值观念、并且具有正面典型作用的偶像，在市场经济争取经济利益，也能够创造出巨大的社会财富。这样既具有社会效益，又具有经济效益的商业性质的偶像，才是新媒体时代需要的偶像。

第二节　新媒体时代红色文化资源在思想政治教育中的实践运用

一、新媒体时代红色文化资源在思想政治教育中的具体运用

进入 21 世纪以来，随着新媒体的不断涌现和迅速普及，人们进入新媒体时代。新形势下，国内高校积极探索利用新媒体推动红色文化资源运用的路子，开创了红色文化资源在思想政治教育中运用的新途径。

（一）依托新媒体打造以红色文化资源为核心的精品课堂

改革开放以来，在传统媒体的环境下，我国形成的一套思想政治教育模式虽受到了新媒体环境的挑战，但其主体部分依然适用于当今的高校大学生思想政治教育。以课堂为主要阵地的思想政治教育模式，依然是主导模式。在新媒体环境下，面对新媒体带来的冲击，我们应当充分利用新媒体，打造红色文化资源充实的精品课堂，提升当代学生的学习兴趣，将思想政治教育做得更实、更牢。而要真正打造以红色文化资源为主体的红色课堂，就必须专注于课程与教材建设，开出红色课程，研发红色教材。在此基础上，利用新

媒体，将红色课堂变成适应新媒体特征的网络课堂。

1. 利用新媒体将红色文化资源融入课堂教学

红色文化资源蕴含着中国共产党领导下的人民群众对祖国浓烈的挚爱之情与献身精神，是各族人民共同的精神支柱与奋斗动力。将红色文化资源引入课堂教学，不仅可以增强学生思想政治教育的针对性与实效性，还可以使学生的情感得到陶冶与升华。将红色文化资源有机地融入课堂教学，可以彰显红色教育在培养学生爱国主义情感中的独特魅力。不过，在新媒体环境下，利用新媒体将红色文化资源简单地引入课堂教学只是打造精品课堂的低级层面，是为了更好、更深入地利用新媒体打造精品课堂做准备的。作为利用新媒体的低级层面，从事思想政治教育的教师们，多是利用音乐、影像、实物等为媒介展示红色革命资源的原貌，以及运用现代多媒体手段，播放红色歌曲和红色电影让学生直观感受红色资源文化的魅力。

即使如此，为了使得课堂更生动，更有吸引力，我们在将红色文化资源融入课堂的时候还是需要注意下列问题：①应当对自身所讲授的知识有系统的了解，并具有系统的认知能力，能较为熟练地运用所具有的红色文化资源；②提高红色文化资源语言的准确表达，因为从事思想政治教育的教师本身的素质尤其语言表达能力对于教育效果的实现有着重要的影响。

在运用讲授法进行教育时，教师除了要对红色文化资源的内涵充分了解，还应该不断地提高其语言表达能力，力求语言清晰准确、生动形象、富于感染力。同时在利用红色资源开展思想政治教育时，既要注重方向性和时效性的结合，又要注意趣味性与精确性的结合。

2. 深入开发红色课程，精心研发红色教材

红色文化资源承载和蕴含着丰富的教育资源，其精神和育人价值尤为明显。开设红色课程有利于传播先进文化，有利于培育爱国主义情怀和弘扬社会主义正气的文化意蕴。

在课程开设后，为了课程的深入浅出，高校可以充分发挥知识资源优势，加大红色教材的开发力度，把红军战斗、烈士成长、伟人事迹、顽强拼搏的精神编写成教材，传播红色文化，提高当代大学生对传统红色文化精神的深入了解，增强其爱国主义意识。不同的高校还可以根据自己的实际情况，编写具有本土气息的红色教材，可以充分挖掘高校所在地的红色资源，紧密结合实际情况开发红色革命教材。这样的红色教材，内容可涉及本地区地地道道的具有乡土气息的红色资源文化，以此来让更多的学生更加深入地了解和认识红色资源。

3. 培育网络红色课堂，打造网络红色讲坛

红色课程的开设与红色教材的研发，是红色课堂维系的重要依据。在此基础上，我们

可以充分利用新媒体，特别是网络媒体，将现实的课堂转变为网络课堂，进而使得课程的利用率大大提高，并且能够延伸现实课堂的广度。在新媒体环境下，学生需要互动和参与，而网络课堂正好适应了这一要求。

在传统媒体环境下，学校除了要主动建设好思想政治理论课主阵地之外，还利用红色资源的精神价值，邀请对红色文化资源颇有研究和具有学术成果的本土专家或教授，来做报告、进行专题讲座等，称之为红色讲坛。新媒体时代，学校可以将每一位前来做报告、进行专题讲座的专家和教授的报告和讲座录制下来，然后在校园网中专门开辟一个“红色讲坛”栏目，将他们的视频放置其中，让感兴趣的学生自由选择。这样，这些资源可以永久性地循环利用。

（二）利用新媒体建立和维护思想政治教育交流平台

传统媒体环境下，信息的传播多是单向的。一边是信息的发布者，一边是信息的接受者，两者之间界限分明。在新媒体环境下，由于新媒体具有的信息传播多元性与互动性的特征，使得信息传播者与接受者的界限越来越模糊。不仅如此，利用特定的媒体形式，人们可以扮演信息的传播者和接受者双重角色。在新媒体时代，思想政治教育的工作者们已经不能再完全扮演信息传播者的角色。不仅如此，学生也不再甘于扮演纯粹信息接收者的角色。因此，在新媒体形式多样，学生日趋青睐新媒体的形势下，从事思想政治教育的工作者们或者主管部门，应当认识到这一现实，能够通过利用新媒体，调整学生在思想政治教育中的角色，使得他们能够以更平等、自主的方式参与其中，这将更加有利于调动他们的积极性，提高思想政治教育的实效性。

1. 开设红色文化专题网站

利用红色文化资源对当代大学生进行思想政治教育，应让当代大学生切身体会到红色文化资源的内涵。而这就需要思想政治教育的管理部门或者教育工作者充分挖掘本地红色文化资源，将之呈现在学生面前，对学生形成直接的影响。而开设红色文化资源网站就是最直接、便捷，并且是最容易为学生接受的方式。

建立红色资源专题网站相对来说只是工作的开始，而日后的维护以及更新才是最重要的工作。红色文化资源网站的开设拓展了大学生获取知识的空间与渠道。目前，虽然有很多学校都陆续建立了红色教育网站，但网站内容不仅长期不进行更新，而且缺乏吸引力和趣味性，网站点击率低。因此，不断完善红色网站内容就成了网站维护的重要一环。在网站的维护过程中，应注意相关资源的收集和添加，相关讨论或者咨询信息的及时回复，红色影片资源的不断扩充，相关研究最新成果的收集，等等。

2. 创立师生间的交流平台

在新媒体环境下，学生经常用于自我表达和交流沟通的媒介有微博、微信、QQ 等。这些媒介因为其方便快捷，集声音、视频等功能为一体，备受当代大学生的信赖。当今的思想政治教育部门乃至普通教育工作者也应当紧跟形势，利用这些媒介铺就利用红色文化资源之路，以之与学生交流，并对它们进行潜移默化的影响和示范性教育。

以“微博”为例，它是新兴的新媒体的重要表现形式之一。作为一种分享和交流平台，微博注重时效性和随意性。教育功能是学校微博的重要组成部分，但是并不是主流部分。而当下从事思想政治教育的主管部门、从事教学的教师要做的，就是在微博迅猛发展，学生热衷于微博之际，能动地利用这一新媒体传播形式，充分发挥其引导作用。院系部门、教师、团支部等通过创建微博，重点收听本院学生或本专业学生微博，深入了解学生思想政治动态，分析思想政治教育存在的薄弱环节。由此，思想政治教育的主管部门和教师可通过微博主动与学生互动，针对存在的问题对症下药，有意识地进行话题交流，向他们传播正能量，拉近师生关系。同时，思想政治教育教师们也可以通过微博发表自己的观点博得学生的关注。

此外，微信、QQ 也是教师和学生保持联系，对他们进行思想政治教育的重要平台。QQ 是腾讯公司开发的一款基于互联网的即时通信软件。QQ 支持在线聊天、视频电话、点对点断点续传文件、文件共享、网络硬盘和 QQ 邮箱等多种功能，并且现在还能够与手机等多种通信方式相连，也是在校学生交流与信息传播的重要途径。从红色文化资源利用的角度来说，QQ 的功能比微博更为强大。授课教师可以通过建立相关的 QQ 群与学生实现互动，学生可以请教问题。教师也可以根据情况，采取文件共享的形式向学生推荐红色经典影片、歌曲以及著作，等等。

二、新媒体时代红色文化资源在思想政治教育中的运用成效

思想政治教育过程从某种意义上讲就是信息的获取、选择和传播的过程，也就是用正确、丰富、生动的信息，影响、熏陶受教育者的思想观念、价值观念和精神世界的过程。集构成新媒体的网络、计算机、数据库以及日用电子产品于一体的电子信息交换系统，使每个人随时随地可以将文本、声音、图像、电视信息传递给设有终端设备的任何地方、任何个人。因此，新媒体改变着思想政治教育的境况，丰富了思想政治教育的方式方法，增强了思想政治教育和红色文化资源利用的力度和效果。

（一）思想政治教育和红色文化资源利用的主体性增强

新媒体的特性使得思想政治教育和红色文化资源利用的主体性意识大大增强，有助于

提升红色文化资源利用的实效性，推动思想政治教育的提升。

1. 打破地域界限，传播途径多样化

通过网络人们可以进行一对一、一对多、多对一、多对多、广泛性、发散性的教育，这种教育方式不同于传统思想政治教育单调的教育模式，而是一种双向甚至多向交流的互动传播模式，呈现交互性的特点。课堂是为实现学校教育目标而挑选教育内容的。在网络环境下，思想政治教育的课堂形式和目标的实现形式都得到了改变，学生能更加深入和广阔地认识世界，有助于培养学生的平等观念、效率观念、全球观念，有利于培养学生自主选择、自主抉择的能力，有利于增强人们的主体性和主观能力。

2. 打破了时间的限制，增强主体性

在网络环境下，学生可以在同一时间段学习到各个不同时期的教育内容，或者在各个不同的时间段学习到同样或者不同样的内容，这样使得思想政治教育活动的时间更随意，也能有一定的重复性，这样思想政治教育受众面会不断扩大，除了在校的教师、学生，社会各界人士都能参与到思想政治教育当中来，都能够成为思想政治教育的主体。

（二）思想政治教育和红色文化资源利用客体的丰富化

新媒体形势下，由于新媒体的特性，思想政治教育和红色文化资源利用的客体越来越丰富，有助于推动思想政治教育的发展。

1. 冲破信息量限度，增强其社会性

新媒体帮助受众社会化，让受众在一个比以往更加广泛的社会环境中学习和积累社会知识，发展和形成自己的个性，顺利实现自己的社会化。网络传播着世界各地区、各民族的风俗习惯、文化传统、价值观念以及行为方式等，这些有别于人们以往习惯的新的思想文化促使社会成员新一轮的社会化活动。网络创造的虚拟现实环境，为人们正确理解社会角色冲突提供了反复实践的机会，有助于培养人们胜任多种社会角色的能力。

2. 新媒体的实效性，凝聚更多客体

新媒体是一种超媒体，能够兼容传统媒介的多种优势。如在感官上，新媒体可以使得视觉、听觉、触觉等感官并用，比传统传媒更增加人际交流成分。在使用技术上，网络新媒体综合运用计算机、通信、音频视频等技术，能将计算机和多种媒介有机结合。新媒体这些优点吸引了更多的学生，为学生思想政治教育提供更多的发展空间。

（三）拓宽了思想政治教育和红色文化资源利用的环境

思想政治教育环境，是影响人的思想品德形成和发展，影响思想政治教育活动运行的一切外部因素的总和。在新媒体环境下，由于网络的介入，使得思想政治教育增加了活力。

1. 营造虚拟环境

在新媒体环境中，拥有的是一个开放的平台，能够集中具有知识和能够提供参考的各种专家，而不是以前的只有权威的教师、教室或是学校等的封闭的一些场所。这样教育者和被教育者直接能够更好地消除隔阂，增进相互理解，使得受教育者能够得到更好的教育，得到更大的帮助。

2. 营造开放环境

当今社会，网络虚拟环境作为一个新的环境因素，比现实环境更具有多维性、复杂性和开放性的特点，会更加强烈地影响思想政治教育。而这种开放环境使思想政治教育活动能够与外界进行更多、更方便的信息交流和行为交换。开放环境下信息的海量和迅速传播，也一定会引起新的网络文化的产生和传播，广大学生就能更好地吸收优秀的文化营养，而自身的思想观念、政治观点和道德规范的科学性也会不断增强。同时，因为网络文化的丰富性，也能更加开阔学生的视野，更新他们的观念，使之与时俱进；帮助他们确立全球观念、效率观念和民主观念；也有助于增强学生的创新意识、自由平等及合作意识。

3. 渗入生活环境

现今，思想政治教育和学生能够通过由网络提供的更加简便更加隐形的途径连接起来，同时，从事思想政治教育工作的人们也能用网络巧妙地将身份隐藏起来，能够使交流的氛围更加和谐与平等，而受教育的学生能够主动地学习，积极地接受灌输的思想观念、政治观点和道德规范。教师们通过网络可以了解到自身所需信息，同时也可以了解学生的思想状况，通过网络上的交流，能够主动引出受教育的学生想谈论的话题，这样就缩短了教师和学生之间的距离，把生活和思想政治教育融为一体，将思想政治教育渗入生活环境中去。

（四）发展了思想政治教育和红色文化资源利用的载体

高校思想政治教育和红色文化资源利用的载体，是指在实施思想政治教育的过程中，能够承载和传递思想政治教育的内容和信息，能为思想政治教育主体所运用，促使思想政治教育主客体之间相互作用的一种活动形式和物质实体。网络作为一个新载体传播信息具有的优点包括：①信息包含内容的广阔性，互联网可以涵盖全球的用户，包含全球的文化，却不会受到诸如版面或者是播出时间的限制；②网络可以采取的传播方式是多种多样的，比如，一对一、一对多、多对多、多对一等，体现了信息传播的交互性和平等性；③

网络传播的手段也是可以兼容的，既可以通过声音、影像或是文字来表现，达到多种器官的综合利用，也可以是多种技术相结合。

网络环境下，信息的传播也是具有时效性的，人们在任何恰当的时候，点击一下鼠标，任何事情都能立即出现在眼前。网络还能使思想政治教育更加全面，因为它可以在各个阶段对不同的学生群体，甚至是对每一个学生都能发挥作用。网络其自身是信息来源地，同时又能帮助信息的传播和作为通信的手段。

通过用网络作为载体来进行思想政治教育，能打破时空的限制，实现学校教育与社会教育，自我教育与家庭教育的有效融合。而通过网络进行的思想政治教育其信息量和流通的时效性使得教育效果也大大优于传统的其他的传媒载体，也是由于网络载体有一定的可复制性、共享性和及时传播性。

第三节　新媒体时代网络思想政治教育议程设置的实践创新

新媒体的日益普及，已对青年学生在认知、情感和行为方面产生了广泛而深刻的影响。学校在面对网络传播的信息洪流怎样做好议题的设置，充分发挥思想政治教育的主课堂、主渠道、主阵地作用，引导学生科学认知网络、理性运用网络是主要研究的对象。网络思想政治教育工作者要在深刻把握新媒体时代网络思想政治教育育人机制与模式的基础上，活学活用议程设置理论，从而更好地促进网络思想政治教育议程设置实践的有效开展。

一、议题选取的多样化

“随着互联网技术的广泛应用，网络思想政治教育逐渐呈现出环境开放性、内容丰富性、传播及时性、受教育对象复杂性和形式多样性、互动性的新特征。”① 在网络环境中，议程设置的效果与议题设置关系密切，合理的网络议题设置是网络议程设置效果最大化的前提和基础。同时，网络时代的议题出现了与传统议题不同的特点，网络中的议题能够实现媒体与受众的双向互动，网络平台中媒体议题和公众议题界限已然混淆，“私人议题”有时会被无限放大，上升为“公众议题”。

---

① 王聪．网络思想政治教育的 SWOT 分析［J］．才智，2022（21）：27.

（一）热点议题，增强网络思想政治教育时效性

热点是指在一定时期内，群众更关心、更受欢迎、更引人注目的事件、问题或话题。随着互联网的迅速发展、电子设备的普及以及新媒体时代的到来，网络信息传播手段越来越多元化，人们在网上获取信息、参与讨论已是家常便饭。网络技术的发展和手机、电脑等可视化电子产品的普及，学生可以随时随地通过“三微一端”（是指由微博、微信、微视频和移动客户端所构成的新媒体矩阵）等网络平台，了解最新的实时资讯，关注最新网络热点。但值得关注的是，网络监管手段和制度等配套设施并没有随着网络的迅速发展而完善，而网络“去中心化”的特点使得网络语言表达几乎是“完全自由”的。

近年来，我国一直在加强对网络的监管，但网络中尤其涉及一些社会热点事件时，难免有一些歪曲的价值观影响当代大学生的价值判断和选择，甚至将学生引入歧途。高校思想政治工作实际上是一个解疑释惑的过程，宏观上是回答为谁培养人、培养什么样的人、怎样培养人的问题，微观上是为学生解答人生应该在哪儿用力、对谁用情、如何用心、做什么样的人的过程，要及时回应学生在学习生活社会实践乃至影视剧作品、社会舆论热议中所遇到的真实困惑。因此，学校将社会热点问题以议题形式纳入网络思想政治教育的内容之中，可以通过有针对性的讨论、有引导性的评论和有说服力的解答，帮助学生正确判断社会热点中的关系以及观点的正确与否。同时，以社会热点问题为议题，穿插进网络思想政治教育的内容之中，能够吸引大学生的注意力，拉近网络思想政治教育与学生之间的距离，从而引发学生的积极回应与关注，增强网络思想政治教育的吸引力、感染力、亲和力。

利用时政新闻开展社会主义核心价值观教育和国情教育，都是网络思想政治教育的真实材料。网络思想政治教育不能回避热点而要善于抓住热点，吸引学生关注，迎难而上，为学生解疑释惑。充分利用网络信息传播的快捷性、手段的兼容性因势利导，迅速开展网络思想政治教育，是一种极佳的育人模式。

（二）贴近学生，发挥网络思想政治教育自主性

议题的选择必须遵循一定的价值观引导。在议程设置理论研究过程中，导向需求是选择议题时必须考虑的因素。如果一个议题能够直接或潜在地反映受众的需要，那么它就能吸引受众的注意力；反之，议题在后续传播过程中的吸引力将会大大下降。因此，网络思想政治教育工作者要了解学生喜爱的话题并以此为议题开展网络思想政治教育。通过学生进图书馆、借书、阅读和浏览校园微信公众号等各种行为留下的各种网络数字“痕迹”，分析网络学生受众的行为偏好，并根据其兴趣和偏好设置议题，从而达到思想政治教育的

目的。也就是说，议题选择要贴近学生实际需求，才能使网络思想政治教育议程设置效果最大化。

议题贴近学生，不仅要求网络思想政治教育的议题选择贴近学生的生活、兴趣爱好、情感态度等，而且要求网络思想政治教育工作者更加关注学生，及时与学生沟通，实现网络思想政治教育的双向互动。网络思想政治教育工作者一定要把握好“三微一端”的“评论”与“回复”的互动功能，对网络呈现的各种议题及时进行解疑释惑和价值引导等工作。与学生的亲密互动能更加贴近学生，也更易于达到思想政治教育的目的。而在构建议题的吸引力方面，则可通过制度的完善或设置奖品以吸引学生积极参与，进一步推动网络思想政治教育议题更加贴近学生、教育成效落到实处。

议题贴近学生并不是说一味地选择迎合学生受众群体的口味来引起他们的注意力，而淡化思想政治教育议题的方向性。网络思想政治教育议题设置的最终目标是丰富网络思想政治教育内容，从而增强网络思想政治教育的吸引力、亲和力和实效性。因此，要坚持显性教育和隐性教育相结合的原则，让网络思想政治教育既有“惊涛拍岸的声势”又有“润物无声的浸入”，为网络思想政治教育增强实效性、提高吸引力赋能，使学生在自主参与中提升获得感。

（三）凸显引领，坚持网络思想政治教育科学性

现实社会生产、生活方式造成了社会形态的不同、价值评价观念的差异和社会期待的变更，反映到人们头脑中，不可避免地引起思想意识的相应变化，带来社会意识形态的多样化和价值取向的多元化，同时也影响和挑战着主流意识形态在意识形态领域的话语权。网络思想政治教育包含知识获取、能力培养和价值观培养的三重目标，而其最终目标是要引导高校学生培育和践行社会主义核心价值观。当前正处于经济全球化和百年未有之大变局的世界发展进程中，正面临着社会转型、信息繁杂、思想多元、文化被边缘化的可能和趋向。因此，凸显价值引领是网络思想政治教育议程设置的根本方向。

坚持对社会中世俗和功利的观念，以及在经济理性支配下的功利主义和庸俗化的实用主义，选择合适的议题予以回应和打击。坚定共产主义信仰，不仅是推动中国特色社会主义事业取得大踏步前进的精神支柱，更是引领建成社会主义现代化强国新征程的根本方向。网络思想政治教育要有高度的文化自信，引导学生树立崇高的理想、坚定的信念。

坚持以社会主义核心价值观为主要内容来设置议题。社会主义核心价值观蕴含着丰富的价值理念和实践要求。开展网络思想政治教育时，要积极以社会主义核心价值观为议题，培育学生的爱国情、报国志、强国梦，培育源源不断的创新精神。同时，这种共享的价值观可以形成一种普遍的文化力量，这种力量在思想政治教育中不可小觑，它能够有效

增强学生的文化自信，进而增强学生的道路自信、理论自信和制度自信。

坚持以民族精神和时代精神为主要内容，设置网络思想政治教育议题。民族精神于一个国家而言，有着重要的根基意义。正是因为在几千年的悠久历史中锻造形成的以爱国主义为核心的民族精神，才得以使中华民族绵延五千年的文明历史。时代精神于我们而言，具有重要的开拓意义。爱国精神和创新精神凝聚起来的民族精神和时代精神，是对学生开展思想政治教育、有效凝聚共识的最鲜活的教材。引导学生能够有机地结合党和国家的各种理论观点与生活经验，以自主辨析的方法理解全面深化改革的重大意义，感悟理论的力量，坚定对中国共产党正确领导的信任，从而正确理解我国进入新时代的重大政治判断。

在议程设置理论中，议题的选择和设置都具有明确的目的性。网络思想政治教育议题选取的目的就是要引导网络舆论方向并掌握高校意识形态的话语权。网络时代的信息传播呈现多元化趋势，即任何一方都有可能成为传播者，任何一方也都是受众。因此，网络思想政治教育选取议题时要先关注学生的关注点、疑惑点、兴趣点，把他们的疑惑点作为解疑释惑的重点，体现在网络思想政治教育内容之中，并用有主流价值观引领的内容加以引导，才能达到网络思想政治教育的目的。在议题选择上把握好“度”的概念，使其既体现热点，又能贴近学生，还能兼具凸显引领，如此才能真正用好网络这片沃土做好思想政治教育工作，从而真正落实“立德树人”的根本任务。

总之，由于网络思想政治教育的议题选择涉及面较广，还需要教育工作者在教育实践中不断积累经验，为持续、科学和有效地开展网络思想政治教育奠定坚实的理论基础和实践基础。

二、属性设置的层次化

网络思想政治教育是网络社会的维稳器，是保障网络空间有序发展的思想基础。网络思想政治教育的主要任务就是要在网络空间以培养担当民族复兴大任的时代新人为着眼点，使网络空间正能量充沛、主旋律高昂。议题的合理选取只能在一定程度上引导民众应该“想什么”，要决定民众“怎么想”，就需要网络思想政治教育工作者不仅是信息的“搬运者”，更要做信息的“加工者”“创造者”和“传播者”。坚持“因势利导”与“造势引导”相结合，通过赋予议题不同层次属性，实现对网络受众的引导从“想什么”到“怎么想”的飞跃。

（一）设定认知层次，提高网络思想政治教育凝聚力

认知对人们行为以及行为习惯的养成起着先导性作用，获取外界信息是人类认知的开

端。认知层次设置就是要为广大青年学生树立好道德的标杆，明对错、知荣辱。认知偏差造成学生价值取向歪曲，从而使得学生在就业和情感等方面存在价值偏差。在网络思想政治教育过程中，除了在网络空间进行理论宣传外，还应当合理利用网络热点焦点事件和时事新闻等内容，尤其是事关青年学生的相关社会热点事件。网络思想政治教育工作者应善于抓住热点事件的新苗头，积极占领舆论制高点，主动把握舆论走向。

坚持正面引领，为学生树立榜样。正面引领就是要扩大对榜样人物或事件的网络宣传，特别是中国共产党领导人民在革命、建设和改革时期呈现的先进人物事迹和精神，引导学生学习并传承他们的革命精神、奋斗精神、奉献精神、家国情怀等。端正学生在思想上的认知，让他们在历史与现实中了解时代的变化和需求。用先进典型的模范事迹凸显宣传内容的思想性、艺术性和形式的吸引力、感染力，着力讲好新时代的中国故事，让学生在网络生活中守住初心、坚定信念，向着德智体美劳全面发展的时代新人成长。

加强反向启示，培育学生的荣辱观。网络思想政治教育议程设置不仅要呈现榜样的力量，明确应该遵循的正确方向，也要让学生认清应该摒弃的错误思想。既要知荣誉，也要避耻辱，通过批判性的语言引导学生辨明正义之所。反面人物和案例的警示教育同样具有极大的教育意义，必不可少。网络思想政治教育工作者若能紧紧抓住时下热点，教育引导学生坚持学术诚信、恪守学术道德、捍卫学术尊严，便能取得较好的教育效果。

（二）设定情感层次，提升网络思想政治教育感召力

情感的核心内容是价值，人的情感主要根据它所反映的价值关系的迁移与变化进行层次设定，包括价值的正负向变化、价值的强度和持续时间、价值的主导变量、价值的主体类型以及价值的指向等。情感层次设定旨在引导受众对“真善美”与“假恶丑”的价值判别，对不同职业身份、不同行为偏好、不同年龄阶段等网络受众进行个性化、差异化、多样化的议题设置。

思想品德情感是人们在现实的思想道德关系中表现出来的一种爱憎好恶的态度。与此同时，情感也是使“认知”能够转化为“行为”的“催化剂”，人们对某些事件或活动是否有情感，这种情感的深浅决定了人们对这些事件或活动关注度的高低。换言之，人们既可以通过情感的纽带实现对“真善美”的崇尚，也可以通过情感的纽带实现对“假恶丑”的宣泄。可见，情感层次的设定是搭建起“认知转化行为”和“行为深化认知”的桥梁。同时，情感在这一过程中也能得到加强和发展。

因此，网络思想政治教育工作者应当为网络受众积极搭建平台，从不同兴趣爱好和年龄结构等方面加强网络正面引导，如搭建专业交流平台和其他兴趣部落，在学校按照不同兴趣爱好、不同专业或是不同年级搭建网络社交群体或是网络宣传平台，便于更好地凝聚

学生不同群体的共识并加以引导；积极组织各项学习，以及践行社会主义核心价值观等线上线下的丰富活动，以此加强中国特色社会主义主流意识形态在网络空间的主导地位。

此外，意见领袖在网络空间具有良好的形象和广泛的影响力、号召力，网络意见领袖更应注重个人情感在网络空间中的合理表达，进行定期培训端正自身言行、增强意见领袖在网络空间中的沟通表达能力。通过意见领袖与网络受众的情感纽带，以正面宣传的方式对网络受众进行正面引导，及时回应大学生所困惑和关切的价值导向和社会问题，积极引导广大学生走出思想误区，促进中国特色社会主义精神文明建设与物质文明建设同向同行、同频共振。

（三）设定行为层次，强化网络思想政治教育穿透力

行为是人们在生活中表现出来的生活态度以及具体的生活方式，它是在一定物质条件、社会制度和价值观念等影响下，对内外环境刺激所做出的主观能动反应。这种行为按其表现形式可以分为外显行为（如人的某些动作表情等）和内在行为（如人的心理反应等），而内在行为不易被察觉，具有一定的隐蔽性，但我们可以通过外显行为推测一个人的内在行为。从这个角度来讲，网络思想政治教育所选取的议题能够对受众产生影响，但这种影响具有不确定性，需要对议题进行行为层次的“深加工”，使行为层次属性的设定具有逻辑上的完美契合，即事件本身的行为自洽性。

网络思想政治教育行为层次的设定，旨在对理论知识深入解读其蕴含的道理或对事件进行客观分析并说明其利弊，同时注重线上线下的协同互动和适当组织社会实践，从而引导网络受众形成正确的价值观和对待网络事件能够冷静思考的能力。行为也是态度的一种表现，这就要求思想政治教育工作者坚定政治立场，对待网络事件引发的一系列连锁反应做到：不回避、不遮掩、不护短。

因此，在行为层次设定上需要注意两点：①设置高校网络专题引导舆论。专题的设置不是对某一议题相关新闻进行单一转载，也不是对海量新闻的堆砌，而是要运用多媒体、融媒体的相关手段对信息进行深入加工处理、排列组合，按照连续推进的述评方式报道。不仅要告诉学生想什么，满足学生对整个事件前因后果的整体了解，而且要告诉他们怎么想、如何做，利用媒体互动性及时了解和引导学生思想行为动态。网络专题是以编辑意识为灵魂的报道形式，对于网络编辑来说，他们的网络行为和社会责任感就显得尤为重要。②开展多样化思想政治教育实践活动。丰富学生的网络体验，开展形式多样、高度灵活、富有内涵的社会实践教育活动，能够让学生的思想和态度以行为的方式表达，也有助于培养并增强学生的家国情怀和民族认同感。

三、成效监管的全面化

大数据、智能技术等技术领域的快速发展，为网络思想政治教育提供了新的契机，自媒体时代人人都有“麦克风”，这就难免导致互联网上的信息真假难辨，有价值的信息受到冲击，难以发挥真实的作用。教育工作者应当与时俱进，积极创新教育模式，拓展网络思想政治教育监管方式和手段，合理应用程序监督、人工监督、人机协同的方式对网络思想政治教育施行全面监管。网络思想政治教育工作者实施网络监管工作，其目的就是要去伪存真，对网络思想政治教育资源进行筛选、整合、加工和传播，这就要求思想政治教育工作者要当好读者的信息收集器、筛选器、过滤器和分析器，使网络思想政治教育的成效得以稳固和提升。

（一）过滤程序监督

随着计算机语言的不断演进和人工智能的深入发展，越来越多的领域开始使用机器代替人类重复劳动。目前，网络信息种类繁多、形式多样、数据庞杂，网络空间思想政治教育资源同样纷繁复杂、鱼龙混杂，传统思想政治教育工作者或网络信息把关人很难对其进行逐一甄别，需要程序监督进行“粗”过滤。网络思想政治教育的程序监督，是为了避免纷繁复杂的网络信息给教育工作者带来的困难而设计的简单机械化信息过滤器，重点是利用计算机对网络信息、校园舆情等进行筛选和处理，并通过关键字或敏感字符索引以及超链接权威网站和禁止非法网站访问等方面的有效处理实现其功能。

第一，加快完善校园网络建设。网站和新闻媒体等之所以访问量较少，学生关注度不高，原因在于：①校园网站信息资源较为单一或信息量较少，无法满足学生对信息的需求；②各校园网站建设千篇一律，很多学校忽视了学生在生活、学习中所留下的数据，未能及时跟进学生的个人兴趣偏好，校园网站的功能仅仅局限在了通知学生消息上，而未能实现实时推送和个性化定制；③校园网站设计的互动性有待加强，无法有效实现网络空间中师生互动，不能及时回应学生最关心、最疑惑、最现实的问题。

第二，着力培养一支具有数据素养的教师队伍。数据素养是指利用挖掘数据、采集数据、处理数据和分析数据的综合能力。数据是构成程序的一部分，只有合理利用学生所创造的各种数据才能设计出具有可行性、针对性的网络程序。

第三，合理开发设计网络监管程序。监管程序应当主要实现以下三个功能：①校园网信息流入的过滤功能，筛选出具有科学性和权威性的网络信息，将其纳入网络思想政治教育议题之中。②学生舆情的监管功能，学生热衷于表达自己的观点和看法，学校网络信息

（尤其是热点新闻等）应当满足学生网络言论自由（开放评论区）。一方面，有利于通过监管程序对校园舆情信息进行收集，并对评论内容通过程序进行简单审核；另一方面，对价值观存在偏差的大学生言论设置程序警报，便于进一步有针对性地实施教育和引导。③信息流出的记录功能和个性化服务功能。校园网络平台可以采用实名认证，统计学生网页浏览痕迹，并根据历史数据记录实时向学生推送个性化、多样化校园信息和网络内容。

网络程序监督“粗”过滤，旨在应用特定指令对信息进行简单筛选过滤加工处理，从而形成满足学生需求又符合校园文化的信息综合网络，同时又能够实施学生舆情监测，为思想政治教育有针对性地进行引导和管理提供科学依据。

（二）评估人工监管

程序监督尚处在一个朝着智能发展的过程，因此，它只能对网络信息进行初步的监测、提取和过滤，这在很大程度上提升了网络思想政治教育资源整合的效率，大大降低了管理者的工作量。然而，网络程序监督的技术还无法实现人脑思维的判断，这就需要网络思想政治教育工作者对程序筛选的信息进行进一步评估，以鉴别信息的正确性和科学性。网络思想政治教育的人工监督主要是指网络信息中心、各学院宣传部门以及网络思想政治教育工作者等相关部门，通过网络传递正能量或是传播具有正确价值导向的信息，在同广大学生交流互动的过程中发现并解决其政治方向、思想行为、价值观念等方面的突出问题，同时平衡好网络安全问题与用户权益的问题。

网络热点和时事新闻等信息，只有经过进一步深加工才能成为网络思想政治教育的有效资源，单一的事件陈述无法有效地起到引导学生思想并指导其行为的作用。目前，网络监管工作还存在实施不到位和网络监管权力转移以及监管力度不高等问题，这就需要学校加快制定相关校园网络管理政策及实施方案，明确网络监督管理的主体部门，将校园网监督任务进行细致划分，责任到人。因此，加强人工监督具体可以从以下三方面着手：

1. 创造良好的校园网络监管环境

惩前毖后、治病救人是网络思想政治教育的又一重要作用，并贯穿网络安全的始终。一般来说，学校信息部负责网络安全和网络优化工作，这里的网络安全主要是程序的安全性，而危害校园网络安全和社会稳定的不仅是计算机病毒，还有部分不良网络信息对学生的冲击和影响。在网络空间存在多主体的现状下，学校网络监管工作只是做到了形式上的统一，人工监管看似各司其职，但协同性并不高，表现为校园网络个别环节监管主体尚不明确。因此，明确网络监管主体是实现人工监督校园网络的必要前提。一方面，要加强校园网络监管的人员培训，提升网络监管人员的必备能力；另一方面，要加强高校各部门之间的协同工作能力，使各部门成员都能够认识到校园网络安全隐患带来的危害，从心底重视起校园网安全监管工作。

同时，校园网络监管相关规定仍有待进一步完善。校园网络安全的监督管理不只是要依靠国家政策以及相关的法律法规，更要在特定的环境中能够制定出具体有效的可行性方案和策略。校园网络安全相关规定是人工监督得以有效开展的重要保障。在学校就应在符合相关法律法规的前提下制定符合学校实际的相关规定，一方面，能够促进校园网络监管工作的有序进行；另一方面，可以对学生起到威慑的作用。只有这样，校园网监管效果才会更加明显。

2. 建立各部门之间协同监管机制

校园网络安全并不是建立高校网络安全管理部门就可以高枕无忧，网络信息无处不在，网络安全隐患如影随形，有网络的地方就有可能存在网络安全隐患，重视校园网络安全就要加强学校各部门之间的协同工作能力，形成网络监管全覆盖的安全校园网络环境。

网络监管部门主要由负责网络程序安全员和负责网络信息安全员构成，同时将思想政治教育工作者融入监管体系成员中，可以积极引导学生学会甄别互联网中充斥的纷繁复杂的信息，有效避免错误言论思想对学生心灵的污染和侵蚀，为学生筑起一道政治底线、思想底线和正义的红线，使他们能够独立自主地坚守底线思维。为加强校园网的吸引力，需要进一步完善校园网络建设，对校园网信息进行资源的整合归类，这就要求各学院、各专业的教育工作者协同发力，对各学科的最新知识和相关信息进行整理发布，坚持网络信息的真实性、真理性和科学性。学生自身也要合理利用校园网络资源，提升个人的信息素养。校园网络监管工作不只是网络安全管理部门的责任，更是网络思想政治教育工作者同其他学科师生的共同责任。可见，各部门、各学科以及师生的广泛交流互动和协同发力是营造安全有序网络空间的必要参与者、贡献者和享有者。

3. 建立校园网络安全监管系统

没有网络安全就没有校园安全，这事关学校的稳定发展，关乎学生群体的根本利益。网络监管是网络安全的根本保障。建立校园网络安全监管系统就是提高网络监管效率的必要手段，这就需要学校加强对计算机专业人才的引进和培养，树立长远的校园网络监管意识，着力提升网络监管的科学化和智能化水平。

目前，网络信息及其容量的快速扩展使得学校面临着信息“多”与“少”的痛苦博弈。一方面，大众网络信息呈现技术性增长，学校要从每日数以千计、数以万计甚至更加海量的信息中选取相应的思想政治教育资源；另一方面，自媒体时代互联网每天产生的数据量巨大，大众网络信息真假难辨，而学校所需的资源更加少之又少，部分信息需要进行深加工后才能呈现，从这点来看，网络思想政治教育资源也存在“量”多“质”少的问题。

无论是从信息的筛选还是信息深度加工，都需要通过对计算机程序的掌握和应用上，程序监督成效的高低归根结底也是取决于计算机人才能力的大小。因此，加强对计算机技术人才的培养是加强人工监督的基础，也是进一步保障校园网信息质量的重要因素，学校必须做好校园网络安全工作，为校园网络构筑安全屏障，不遗余力地推进网络强校的建设工作。

（三）巩固人机协同

人机协同是对程序监督和人工监督的进一步深化和发展，是网络思想政治教育工作者同计算机之间实现深层次的协调发展，是思想政治教育工作者更好地回归本位并开展个性化教育的必要前提。随着计算机语言的开发和技术的不断成熟，机器可以更好地为思政工作者提供科学决策和技术指导，有效减少网络思想政治教育工作者在信息甄别、过滤等方面的工作量。

互联网既具有开放性，一定程度上又具有匿名性，行政手段往往无法完全落实与网络监管的衔接。因此，当前网络监管的重点，应是在技术手段上加以实施，把监管中心从行政干预转移到技术监管实施过程中。诚然，通过技术手段确实能够实现对校园网络安全实施监管的目的，且议程设置理论也认为这种方式能够影响人们对互联网信息的认识，并在一定程度上左右人们的所思所想。但网络思想政治教育不只是要告诉人们怎么想，更要解决学生如何做，即解决学生在行为方面的表现。它不仅是提升网络思想政治教育工作的重要举措，也是推进学生了解新形势、认识新国情的重要渠道，这就使得网络思想政治教育工作者在学校立德树人这一根本任务中，成为不可或缺的重要环节。人机协同监管的策略，使网络思想政治教育工作者和智能机器的任务有了新的侧重，也是网络思想政治教育成效的科学保障。

一方面，加快学校网络机器算法的深度学习，提高校园网络对大众网络、网络舆情以及其他网络上信息的筛选、过滤、提取和处理能力，建设好网络思想政治教育的主场域，及时向学生提供更多真实客观、观点鲜明的信息内容，掌握校园舆论场的主动权和主导权，牢牢把握学校意识形态主阵地。利用机器实现网络思想政治教育对学生认知层面的议程设置。

另一方面，合理配置人才资源，网络监管工作者既能各司其职，又能协同有序地开展网络思想政治教育工作，使网络思想政治教育工作者能够应用机器决策实现对学生行为和情感层面的议程设置功能，从而有针对性地做好学生品格锤炼、知识汲取、技能学习、思维创新和爱国奉献的引路人。

总而言之，网络思想政治教育监管工作是保障网络思想政治教育工作成效的重要手段，也是一个循序渐进的过程。这既依赖于网络思想政治教育工作者的积极性和主动性，又有待于技术的进一步发展和成熟。网络思想政治教育就是要利用新技术进行校园网络信息的补给和采集，充分实现信息供给、信息反馈之间的循环互动，通过人机对话方式在思政教育过程中的应用实现人机协同的长效育人机制，使制度化、规范化、长效化成为网络思想政治教育的新常态。这就要求网络思想政治教育工作者率先垂范，用好议程设置理论稳步提升网络思政课的“点击率”“上线率”和“回头率”，进一步增强学生的爱国之情、报国之心和强国之志。

参考文献

[1] 邱伟光. 大学生榜样和偶像的示范价值与育人效应 [J]. 思想政治课研究，2014 (05)：40-43.

[2] 王聪. 网络思想政治教育的 SWOT 分析 [J]. 才智，2022 (21)：27-30.

[3] 皮学尚. 新时代思想政治教育工作维度转向探索 [J]. 中学政治教学参考，2022 (23)：78-80.

[4] 孙其昂. 政治思想是思想政治教育工作的对象 [J]. 学校党建与思想教育 (高教版)，2014 (12)：12-17.

[5] 吴少伟，吕培亮. 提升高校思想政治教育工作实效性探究 [J]. 学校党建与思想教育，2021 (11)：93-95.

[6] 夏江敬，汪勤. 高校学生思想政治教育工作协同研究 [J]. 学校党建与思想教育，2020 (13)：56-58.

[7] 方兵. 机不可失　时不再来——论高校辅导员何以把握思想政治教育工作时机 [J]. 现代教育科学，2021 (1)：50-54.

[8] 张煜. 构建高校思想政治教育工作创新体系 [J]. 思想政治教育研究，2010，26 (06)：100-102.

[9] 刘红斌. 微博对高校思想政治教育工作的影响探析 [J]. 教育探索，2012 (11)：130-131.

[10] 李云海. 大学生思想政治教育工作的实践与思考 [J]. 教育探索，2008 (9)：118-119.

[11] 季国平. 新媒体时代高校思想政治教育工作新探讨 [J]. 继续教育研究，2015 (6)：107-109.

[12] 唐春萍. 试论 21 世纪思想政治教育工作的基本走向 [J]. 教育探索，2001 (7)：79-80.

[13] 陈洛湘，黄松柏，郑小平. 论改革实践对思想政治教育工作的影响 [J]. 理论月刊，

2004（08）：135-137.

[14] 王晋．新常态下团员青年思想政治教育工作的方法［J］．吉首大学学报（社会科学版），2015（z1）：180-181.

[15] 唐金楠．互联网思维对高校思想政治教育工作的启示［J］．学校党建与思想教育（高教版），2015（12）：63-64.

[16] 陈永华．树人主题的构建与高校思想政治教育工作的创新［J］．继续教育研究，2017（05）：92-94.

[17] 纪晓军．论党建与学生思想政治教育工作的无缝对接［J］．教育与职业，2012（30）：51-52.

[18] 王曙光．新常态视域下思想政治教育工作的挑战与对策［J］．教育理论与实践，2015，35（36）：40-41.

[19] 白琼英．“语言转向”与加强高校思想政治教育工作研究［J］．教育探索，2010（02）：141-142.

[20] 吴雷鸣．融媒体时代高校思想政治教育工作有效性探究［J］．传媒，2021（14）：84-87.

[21] 王东阳．青年辅导员思想政治教育工作模式探讨［J］．中国成人教育，2012（20）：50-52.

[22] 何干俊．思想政治教育工作的语言艺术［J］．学校党建与思想教育（高教版），2010（02）：53-54.

[23] 陈健．论现代社会民意变化对思想政治教育工作的新启示［J］．江西社会科学，2003（06）：137-140.

[24] 熊化忠．现代新闻传媒视域下思想政治教育工作路径创新研究［J］．学校党建与思想教育，2019（02）：66-67.

[25] 冯颜利．新时代青年思想政治教育工作基本经验研究［J］．中国青年社会科学，2022，41（02）：56-63.

[26] 廖明星．以学生党建工作为核心构建大学生思想政治教育工作新机制［J］．湖南社会科学，2006（01）：155-157.

[27] 成媛，张鲲．论思想政治教育工作的整体性［J］．中央民族大学学报（哲学社会科学版），2020，47（01）：37-42.

[28] 顾栋栋．新媒体条件下思想政治教育工作的创新［J］．理论视野，2016（08）：84-86.

[29] 谢秀华．以人为本创新思想政治教育工作刍议［J］．学校党建与思想教育（普教版），2013（08）：12-13.

[30] 顾现朋，衡孝庆．学生思想政治教育工作的法制化建设探究［J］．教学与管理（理论版），2018（04）：69-71.

[31] 杨胜才．对增强思想政治教育工作实效性的几点思考［J］．学校党建与思想教育，2017（06）：83-85.

[32] 陈林．思想政治教育工作引领高校资助育人［J］．教育财会研究，2017，28（5）：54-57.

[33] 陈虹，孟梦，李艺炜．新媒体视角下的高校思想政治教育创新研究［M］．天津：天津社会科学院出版社，2017.

[34] 尹婷婷，张静，杨素祯．新媒体时代高校思想政治教育创新探究［M］．北京：研究出版社，2019.

[35] 张小芳．新媒体环境下思想政治教育话语转换研究［D］．临汾：山西师范大学，2018.

[36] 王鑫云．思想政治教育视域下大学生网络媒介素养培育研究［D］．重庆：重庆工商大学，2021.

[37] 高文天，商淑琦，郑林秋．新时代高校思想政治教育话语体系建构探析［J］．中学政治教学参考，2022（40）：58-60.

[38] 包英杰，张宝石，朱思明．新媒体境遇下思想政治教育话语转换路径论析［J］．教书育人（高教论坛），2021（18）：69-71.

[39] 戈园园．大学生网络素养教育内容、载体及机制研究［J］．大众文艺，2022（20）：133-135.

[40] 王宏岩．高校大学生网络道德危机及网络思政教育路径选择［J］．辽宁师专学报（社会科学版），2022（03）：96-98.

[41] 陈昶洁．加强大学生网络安全教育的现状及对策［J］．传媒论坛，2021，4（23）：159-160+163.

[42] 杨志鹏．新媒体时代大学生思想政治教育工作创新研究［D］．西安：陕西科技大学，2019.

[43] 刘燕，刘龙飞．新媒体时代思想政治教育话语表达研究［J］．学校党建与思想教育，2021（17）：20.

[44] 孙国强，刘涛．试析新媒体对大学生思想政治教育的影响［J］．改革与开放，2011

(08)：27.

[45] 项久雨．以人为本：思想政治教育主客体关系的马克思主义人学之维［J］. 教学与研究，2016（02）：31.

[46] 刘东燕．构建全员育人的思想政治教育格局［J］. 中国高等教育，2018（05）：42.